BEREIT FÜR DAS LEBEN NACH DEM TOD?

Führ ein erfüllteres und glücklicheres Leben jetzt und immer

Akh Chi Lak Him

Übersetzung: autor

Illustrationen von Illustrator: Ian Vitor

Korrektorin: Dr. Katja Richters

Ich möchte meine Arbeit allen Menschen, die mein Buch auf Deutsch lesen, widmen mit dem Wunsch, dass es Ihnen hilft zu verstehen, wer wir sind, wie wir uns entscheiden und verhalten können, was die Folgen unserer Entscheidungen sind und wie wir das bestmögliche Leben nach dem Tod verdienen.

Ich möchte Ian, dem Illustrator, all jenen, die für mich da waren, als ich sie brauchte meinen Dank aussprechen, besonders William und anderen Freunde, meinen Verwandten und meiner spirituellen Familie.

INHALT

VORWORT

Im Laufe der Jahrhunderte haben Philosophen versucht zu entschlüsseln, wer wir wirklich sind. Sie haben viele Theorien aufgestellt, die in unserem heutigen Denken und unseren Kulturen verwendet werden. Oft weiß man nicht, woher sie kommen. Sie werden dennoch als wahr akzeptiert, weil sie logisch oder ansprechend für die Menschheit sind.

Wir werden uns für immer mit philosophischen Theorien auseinandersetzen. Alles ist offen für Interpretationen. Wie wir unsere Existenz wahrnehmen, definiert uns und bestimmt unsere Gedanken und unser Handeln.

Die Theorien in diesem Buch wurden mit der Absicht erstellt, Dich dazu zu bringen, Dich selbst in Frage zu stellen - das was Du bist, Deinen Glauben – und um neue Gedankengänge zu eröffnen, um Dir zu helfen, Dich zu entwickeln als eine Person, die sowohl endlich als auch ewig ist.

Es ist heutzutage nicht ungewöhnlich, ohne Glauben zu leben. Dies ist ein anerkannter Standard in einer freien Gesellschaft. Oft ist es einfacher durch Nichts eingeschränkt zu sein, als sich von jemandem vorschreiben zu lassen, wie wir uns benehmen und verhandeln sollten. Wir wollen frei sein. Dieses Buch wird Dir nicht vorschreiben, was Du tun sollst. Sein Zweck ist ausschließlich philosophisch und es ist Dir, dem Leser, überlassen, ob Du Dich entscheidest Dein Leben zu verändern, nachdem Du die folgenden Kapitel gelesen hast. Sie haben das Potenzial, Dich dabei enorm zu unterstützen Dein wahres Potenzial zu entdecken.

Die Theorien sind in einem Konversationsstil geschrieben, so dass Duals Leser Dich als Teil des Buches selbst sehen kannst.

Du kannst Dir Zeit nehmen, um über Dein eigenes Leben und die Beantwortung vieler Fragen, mit denen sich dieses Buch auseinandersetzt, nachzudenken. Es gibt keine Übungen, die Du machen kannst, aber es wäre eine gute Idee, Dich selbst zu beurteilen, um festzustellen was Du besser machen könntest. Die beschriebenen Theorien skizzieren die Folgen unseres Lebens und geben Anregungen zur weiteren Selbstverbesserung.

Diese Arbeit erklärt die Grundlagen des Ewigen und zukünftige Bücher werden mehr in die Tiefe allen Werts eindringen, damit wir stetig Fortschritte machen können. Dies ist die erste Stufe der Erweiterung unseres Verständnisses und sobald wir es meistern, werden uns automatisch die nächsten Schritte nach oben angeboten werden.

Unsere Ewigkeit ist nicht auf die leichte Schulter zu nehmen. Es ist an der Zeit, dass wir anfangen auf alle Existenz zu achten und nicht nur auf diese wenigen Jahrzehnte, die wir auf dieser Welt verbringen.

Viel Spaß beim Lesen! Bitte fühle Dich frei, den Beitrag zu Deinem ewigen Leben so groß wie möglich zu machen. Wir alle werden zweifellos ein besseres, sichereres, angenehmeres und erfüllteres Leben haben, sobald die hier vorgestellten Theorien praktiziert werden. Dieses Buch kann sogar der erste Schritt zu Deiner Erleuchtung sein, wenn Du Dir es wünschst.

EINLEITUNG

Hallo! Ich heiße Akh Chi Lak Him und lebe in 3022. Ich bin beides, eine reale und eine fiktive Person. Mein Buch ist hauptsächlich aus der Perspektive des vierten Jahrtausends mit gelegentlichen Beispielen und Erfahrungen aus Deinem Zeitalter geschrieben.

Dies liegt daran, dass ich der Meinung bin, dass der beste Weg, Dir beim Umzug in die Zukunft zu helfen, darin besteht, Dir ein „Déjà-vu" dessen, was Du bereits gehört, gesehen und verstanden hast, vor Augen zu führen.

Ich habe die Gedanken und Ideen für dieses Buch aus dem gesamten Universum zusammen getragen, um uns zu helfen zu verstehen, wer wir sind, was unser volles Potenzial ist und wie man es erreicht.

Mein Wunsch ist es, dass Du Dich ernst nimmst. Die meisten von uns leben immer noch in einer Zeit, in der es viel Negativität gibt auf unserem Planeten gibt. Dies bedeutet, dass wir Neigungen haben können, die uns eine bessere Existenz im Universum verweigern. Einige von uns stellen vielleicht sogar noch das Materielle über das Ewige. Dis ist in einigen Stadien der Evolution normal und natürlich.

Heute ist der richtige Zeitpunkt, um Fragen zu stellen, deren Beantwortung es uns ermöglicht, zuerst als Individuen und schließlich als Kollektiv voranzukommen.

Viele Listen wurden bereits erstellt, um uns zu mitteilen, was wir tun müssen, bevor wir sterben. Die meisten von ihnen haben mit Orten zu tun, die wir besuchen könnten oder mit Dingen, die wir tun könnten, aber sie bereiten uns nur darauf vor, die Schönheit eines Ortes zu wahrzunehmen oder ein unvergessliches Erlebnis zu haben. Dieses Buch entführt uns in die Tiefen des Universums in uns, um uns eine bessere Chance zu geben, von jetzt an bis zum das Ende aller Zeiten in dieser Kreation erfolgreich zu sein.

Christliche Bezüge, die ein Bestandteil dieses Buches sind, zeigen dem Leser, dass viele Informationen bereits auf unserem Planeten vorhanden sind. Ich bin kein Priester und benutze die Bibel nur um Teile meiner Theorien zu unterstützen. Die Theorien sind anbei aber unabhängig von der Bibel. Jeder, der aufgeschlossen ist, kann von diesem Buch, so wie es jetzt ist, profitieren.

Der Autor hat Informationen aus dem Physischen und Nicht-Physischen kombiniert, um das Rätsel zu lösen, wie man das beste Leben nach dem Tod führen kann. Er hat das Nicht-Physische studiert und von vielen unbezahlbaren Anderen Beiträge erhalten. Darüber hinaus nimmt er Bezug auf das philosophische Erbe von Platons „Allegorie der Höhle", in der der Philosoph den Unterschied zwischen Glauben, Wahrheit und vielem mehr erklärt.

Es wird erwartet, dass Du enorm von diesem Buch profitieren wirst sobald Du Dich dazu entscheidest, Dich in Deiner Seele zu verändern. Dann wirst Du in der Lage sein, eine bessere Zukunft für Dich und alle Generationen, die nach Dir kommen werden, zu schaffen.

Es ist Zeit für eine neue Morgendämmerung im Zeitalter der spirituellen Erleuchtung. Wir haben uns auf industriellen, technologischen, kommerziellen und vielen anderen Ebenen entwickelt. Es ist an der Zeit, dass wir unsere Nicht-Physische Existenz ernster nehmen. Es ist kein Zufall, dass wir einen immateriellen Ursprung, Gedanken und Gefühle haben in einem Universum, das teilweise materiell, aber meistens immateriell ist.

4

Es gibt viele Überzeugungen, die immer noch von Vielen akzeptiert werden, die aber nicht ganz richtig sind. Dennoch waren sie Teil des Denkens unserer Gesellschaft seit Generationen. Niemand scheint sie herauszufordern und diese Tatsache hält uns davon ab, im Universum voranzukommen. Dieses Buch wird uns in die Lage versetzen, diese Überzeugungen zu hinterfragen und einige von ihnen kritisch zu bewerten, um die notwendigen Schlussfolgerungen zu ziehen, die die Kraft haben, uns voranzubringen.

Schauen wir in die Zukunft des Universums und lesen wir die Theorien, die Teil unserer Gedanken und Verhaltensweisen geworden sind und die unsere Zivilisation im vierten Jahrtausend definieren.

Ich verspreche Dir, dass Du es genießen wirst, auf der Grundlage der hier beschriebenen Theorien voranzukommen. Eines Tages werden wahrscheinlich alle Unternehmen eine spirituelle Beratungs-Abteilung als Teil ihrer strategischen Planung haben, die eine wichtige Rolle in der Entscheidungsfindung in Bezug auf das geistige Wohlbefinden ihrer Mitarbeiter spielen wird. Die Verantwortlichen werden sowohl ihre ewigen Bestrebungen als auch ihre materiellen Gewinne berücksichtigen wollen. Ich bin so dankbar, dass ich diese unbezahlbaren Informationen für Dich aufbereiten kann. Genieß Deine Ewigkeit, lieber deutschsprachiger Leser!

Dein Autor

ZUSAMMENFASSUNG

Für diejenigen unter uns, die vielleicht keine Zeit haben, alle Theorien zu lesen, habe ich hier die wichtigsten Punkte des Buches zusammengestellt.

1. Wir sind Seelen in physischen Körpern.

2. Deine Seele ist unsterblich und ewig.

3. Es ist logisch, dass wir uns auf unser Leben nach dem Tod vorbereiten müssen.

4. Dieses Leben ist ein Sprungbrett in die Ewigkeit.

5. Je besser wir im Jetzt sind, desto besser wird unsere ewige Existenz sein.

6. Ändere alles, was Du brauchst, um die bessere Existenz zu erreichen.

7. Du hast eine Verantwortung gegenüber allen, die von Dir beeinflusst werden und vor den zukünftigen Generationen.

8. Tiere sind Haustiere des Schöpfers.

9. Sei der Beste, der Du jemals sein kannst.

10. Erleuchtung ist real.

11. Der einzige Weg, die Prüfung namens Leben zu bestehen bedeutet, vollständig erleuchtet zu werden oder möglichst nahe daran zu kommen.

12. Du kannst frei wählen, was Du tust.

13. Jede Entscheidung hat Konsequenzen.

14. Wenn Du Gutes tust, sind die Folgen gut.

15. Lasse Dich nicht vom Flüchtigen verführen, wenn Du Dich auf das ganze Bild konzentrieren kannst.

16. Alles im Universum muss verdient werden.

17. Wir sind völlig frei.

18. Wir sind die Gesamtsumme all unserer Wünsche und Sehnsüchte, Neigungen und Bestrebungen, Gedanken und Taten.

Vielen Dank fürs Lesen. Jetzt weißt Du alles. Wenn Du an mehr Details interessiert bist, lies bitte das gesamte Buch.

THEORIE 1

Die Theorie der Bereitschaft für das Leben nach dem Tod

Alles in unserer Existenz soll positiv sein.

Diese Theorie wird existentielle Fragen stellen und ist deshalb positiv. Wir sind nicht hier, um negativ zu sein. Einer der wichtigsten Gründe für unsere Existenz ist, Freude und Glück zu erfahren. Um dieses Ziel zu erreichen, sollten wir damit beginnen so viel wie möglich zu lernen. Diese Kreation gehört den Mutigen.

Tod, welcher Tod?

Daran wollen wir gar nicht denken, oder? Es ist so ein Tabuthema. Werden wir wirklich tot sein? Wie ist es überhaupt möglich? Noch wichtiger, was können wir dagegen tun?

Wir müssen das Beste aus diesem Leben machen, solange wir leben. Wir könnten morgen tot sein. Erlaube mir, ein Geheimnis mit Dir zu teilen. Wir können es noch besser machen: wir können uns auf das Leben nach dem Tod vorbereiten.

Unser Leben wird nicht länger werden. Wir sollten dies einfach akzeptieren. Wir wurden geboren, wir leben, und im geeigneten Moment verlassen wir unseren Körper. Es sieht so aus, als ob wir mit nicht mehr arbeiten müssten. Unsere Zeit ist ohnehin begrenzt, wie alles, was von dieser Welt ist.

Wohin gehen wir?

Die Antwort auf diese Frage hängt davon ab, wie wir uns für unser Leben nach dem Tod vorbereitet haben. Es gibt bereits ein Universum, das für uns eingerichtet ist. Es ist wie eine Telefon-App, die uns zur Verfügung gestellt wurde. Sobald wir wissen, dass sie existiert, können wir anfangen, sie zu verwenden. Das Problem ist, dass so wenige von uns wissen, dass es sie bzw. dieses Universum überhaupt gibt. Viele ziehen es vor, in ihrem Mangel an Wissen gestrandet zu sein. Diese Wahl führt sie nirgendwo hin.

Eines der Ziele dieses Buches ist es, Dir die wichtigsten universellen Konzepte vorzustellen, damit Du beginnen kannst, Dein ewiges Schicksal zu beeinflussen. Wohin werden wir gehen, nachdem wir diese Welt verlassen haben? Weißt Du es? Lies einfach weiter, damit Du die richtigen Entscheidungen für Dich treffen kannst.

Ich hatte das Privileg, eine bekannte Person dabei zu beobachten, wie sie sich einen Wunsch erfüllte. Diese Person wusste, dass sie in der Lage war, neue angenehme Energien zu schaffen und deswegen tat dies auch. Wir wissen, dass auch wenn es keinen Weg zu geben scheint, wir einen erschaffen können. Wir haben die Fähigkeit zu erstellen, nicht wahr? Ich rede vom Erstellen von Energien, die mit der Zeit stärker werden und die uns große Belohnungen bringen; überwältigende, phänomenal positive Energien, von denen wir nie wussten, dass sie existieren.

Die Bibel sagt in Markus 11:24, dass wir glauben müssen, dass wir etwas erhalten haben, um es zu erhalten. Was wir nicht kontrollieren können ist, was uns passiert, sobald wir unseren Körper verlassen.

Aber wir können alles, was wir wollen, kontrollieren bevor dies passiert.

Die alten Ägypter bereiteten sich vor

Schon die alten Ägypter wussten, dass sie sich für ihr Leben nach dem Tod vorbereiten mussten. Deshalb haben sie fast ihre ganze Lebenszeit damit verbracht. Es war ihnen klar, dass Menschen nur für eine begrenzte Zeit eine physische Gestalt annehmen. Sie arbeiteten mit ihren Totenbüchern. Sie gaben fast ihr gesamtes Geld für ihre Vorbereitungen für das Jenseits aus. Sie lernten die genauen Schritte zu befolgen, um es richtig zu machen. Seitdem ist es, als hätten wir aufgehört uns zu bemühen. Ich werde tot sein und es ist mir egal. Wir sollten uns besser darum kümmern, weil wir eines Tages wirklich tot sein werden.

Der Wandel unseres Verständnisses

In dieser vollkommenen Schöpfung bleiben die ewigen Gesetze vom Anfang aller Zeit bis zum Ende. Der einzige Unterschied zwischen uns und der alten ägyptischen Zivilisation ist unser Verständnis. Sie bereiteten ihren Körper auf das Leben nach dem Tod vor, während wir es heutzutage auf spirituelle Weise tun. Wir können jederzeit anfangen, an unserem Inneren zu arbeiten. Nur wir entscheiden, wie wir uns vorbereiten. Wir sind zu 100% verantwortlich. Das Physische bleibt im Physischen, also werden wir uns nicht zu sehr um seinen ewigen Wert kümmern, da es keinen gibt.

Wie kann ich mich vorbereiten?

Interesse an diesem Thema zu haben ist ein guter Anfang. Nutzen wir unsere Zeit, um uns zu entwickeln. Mehr Verständnis für und die Ausweitung unserer Fähigkeiten zur Selbstverbesserung sind der nächste logische Schritt. Der übernächste Schritt, ist das zu lesen, was wir können, um unsere Augen zu öffnen für die Wahrheiten, die uns vielleicht vorher nicht bewusst waren.

Das wichtigste Ziel muss jedoch die Annahme der notwendigen Handlungen sein. Ich kann so sachkundig sein, wie ich will, ich kann alle Bücher gelesen haben, die es gibt, aber wenn ich mein Verhalten nicht ändere, werde ich keine Erfolge verbuchen können. Wir müssen das tun, was nötig ist, um maximale Belohnungen zu verdienen. Lass uns die anderen Theorien lesen, damit wir uns ein vollständigeres Bild machen können.

Zu merken von der Theorie der Bereitschaft für das Leben nach dem Tod

1. Wir werden sterben.

2. Wir entscheiden mit 100%iger Genauigkeit, wohin wir nach diesem Leben gehen.

3. Jeder Mensch kann an einen besseren Ort gehen, wenn er das Notwendige tut.

THEORIE 2
Die Theorie von dem, wer wir sind

Die üblichen Antworten

Die meisten Menschen antworten auf die Frage, wer sie sind, z. B. mit dem Geschlecht. Sie sind also entweder ein Mann oder eine Frau. Oder mit dem Beruf - also Ärztin, Sängerin, Lehrerin. Oder mit ihrem sozialen Status, d.h. Mutter, Vater, Philanthrop, Visionär, Lord, Herzog, etc… Wir gebrauchen unsere physischen Körper, unsere Arbeit, die Familie oder unseren sozialen Status, um zu definieren, wer wir sind.

Die Wahrheit ist, dass ich nicht nur ein Körper bin. Ich handle nur dadurch. Der Körper hat den Titel eines Präsidenten oder eines Arztes, nicht ich. Sobald mein Körper tot ist, ist der Präsident tot. Ich werde nicht tot sein, aber mein Körper wird es sein.

Wer sind wir wirklich?

Wir sind Seelen, die ins Physische kommen, um die Fülle der Schöpfung zu erfahren, um auf ewigen Wegen voranzukommen und um unsere Sehnsüchte zu verwirklichen.

Was ist mit dem Körper?

Der Körper hat die Fähigkeit, mit dem Nicht-Physischen zu arbeiten, aber er ist auch eine physische Struktur, die uns hier hält. Das nicht-physische Denken wird von unserem nicht-physischen Teil erledigt. Ja, das Gehirn hat eine Funktion im Prozess der Gedankenbildung, aber es ist nicht der Ort, aus dem die Gedanken stammen. Der Ursprung der Gedanken liegt in der Seele oder in dem Nicht-Physischen. Wie können wir dies wissen? Um diese Frage zu beantworten, sollten wir unsere logischen Denkfähigkeiten bemühen. Auch die Toten haben einen Körper, aber sobald die Seele nicht mehr darin wohnt, hört der Körper auf zu funktionieren. Wie kann ein physisches Objekt nicht-physische Qualitäten haben, es sei denn, das Nicht-Physische ist beteiligt?

Wir kommen aus dem Nicht-Physischen und werden eines Tages dorthin zurückkehren. Wir wissen, dass wir sterblich sind. Nur wenige von uns denken darüber nach, woher wir kommen oder wohin wir gehen, wenn wir sterben.

Die meisten von uns interessieren sich nur für den Körper. Ich habe nur einen. Ich werde in diesem Leben keinen anderen bekommen. Ich füttere ihn mit energiespendenen Lebensmitteln, gebe ihm genügend Ruhe und lass ihn mir dienen, damit er mir die beste Erfahrung des Physischen bereiten kann.

Wo ist der Beweis?

Ohne uns wissenschaftlichen Experimenten zuzuwenden, können wir ein paar Beispiele anführen, die als Beweis dienen können.

Beispiel Nummer 1

Hast Du bemerkt, dass wir uns entscheiden können, uns jung zu fühlen egal wie alt wir sind? Es gibt viele Achtzigjährige, die wie Jugendliche handeln. Sie sehen gesund aus und fühlen sich auch so. Wie ist dies möglich? Welche Magie benutzen sie? Sie benutzen nur die Wahrheit. Die Seele ist ewig und altert nicht. Nur der Körper altert. Darüber sollten wir uns freuen! Auch mit über 90 Jahren können wir noch jung sein. Auf der anderen Seite haben wir möglicherweise Teenager gesehen, die sich so verhalten, als wären sie hundert Jahre alt.

Beispiel Nummer 2

Ein weiteres Beispiel sind reife Menschen, die infantile Fehler im Leben machen. Warum tun sie dies? In ihrem Alter sollten sie es besser wissen. Wir würden erwarten, dass sie im Laufe der Jahre klüger geworden seien. Die Erklärung ist, dass ihr Körper alt sein mag, aber ihre Seele in spiritueller Hinsicht noch nicht gereift ist. Sie muss noch einige Erfahrungen sammeln, um auf ewige Weise zu wachsen. Diese Seelen werden zurückkehren, um mehr zu lernen, bis sie eines Tages alle körperlichen Lektionen gemeistert haben. Mehr zu diesem Thema kannst Duin der Theorie des Universums und seinen Tests erfahren.

Was ist mit der Seele?

Wir wissen, dass wir für den Körper verantwortlich sind. Er tut, was wir ihm sagen. Wenn ich mich entscheide zu bücken oder mich hinzusetzen, dann kommt der Befehl von innen und ich benutze meine körperliche Struktur, um von außen auf diesen Befehl zu reagieren.

Meine inneren Gedanken können sich in Worte verwandeln, mit denen ich Anderen mitteile, wer ich bin. Einige Leute lieben schwören. Andere beschweren sich ununterbrochen und benutzen dazu ausgeklügelte Worte. Jeder Gedanke, den sie ausdrücken, kann als Hinweis darauf betrachtet werden, wer sie sind. Die Seele benutzt Gedanken, Neigungen, Wünsche, Faszinationen, Bestrebungen, Interessen und Aktionen, um zu zeigen, welches spirituelle Niveau sie erreicht hat.

Befreien wir uns von unseren Lasten

Wenn Du Dich überfordert, schwermütig oder belastet fühlst, ist es an der Zeit damit anzufangen, solche Hindernisse aus Deiner ewigen Reise zu entfernen. Wir kommen ins Physische, um uns zu entlasten. Wie können wir dies erreichen? Wir können anfangen, darauf zu achten, wie wir auf innere und äußere Reize reagieren. Wir sollten unsere Einstellungen, Wahrnehmungen, Wünsche, Gedanken und Handlungen hinterfragen. Gibt es etwas, bei dem ich mich unwohl fühlte? Sagen mir andere Menschen etwas, woran ich arbeiten könnte? Ist die Reaktion von meinen Freunden nicht so, wie ich sie erwartet hatte? Wie kann ich mich selbst verbessern?

Im Christentum vergleichen wir manchmal die alltäglichen Belastungen mit dem Tragen eines Kreuzes. In dem Moment, in dem es kein Kreuz mehr zu tragen gibt, wird unsere Seele aufsteigen, um unseren Schöpfer zu treffen. Das bedeutet aber nicht, dass wir tot sind.

Beispiele für Belastungen

Zu den alltäglichen Belastungen gehören Eifersucht, Misstrauen, Verurteilung, Rachsucht, negative Expositionen, körperliche Krankheiten, Bestechlichkeit, Rücksichtslosigkeit und all die anderen Laster, die online aufgelistet werden können.

Zu merken von der Theorie von dem, wer wir sind

Wir sind ewige nicht-physische Wesen, die in die Welt körperlich kommen um:

- zu erfahren, wer wir sind,

- die Fülle der Schöpfung zu erleben,

- Fortschritt auf ewigen Wegen zu erfahren,

- uns selbst zu verwirklichen und zu entlasten.

THEORIE 3

Die Theorie des Universums und ihre Tests

Positive Kräfte erweitern das Universum

Das Universum ist riesig und dehnt sich aufgrund der positiven Kräfte, die die Haupteinflüsse darauf sind, aus. Wenn negative Kräfte im Spiel wären, würde es unweigerlich schrumpfen. Es ist eine junge Kreation voll von unerfahrenen Wesen. Deshalb gibt es so viele Mängel. Bitte lies die Theorie der irdischen Mängel, um mehr darüber zu erfahren.

Der Mensch befindet sich in einem ständigen Veränderungsprozess, und die meisten von uns entscheiden sich dafür besser zu werden, zu lernen und sich vorwärtszubewegen. Dies ist für den ewigen Fortschritt unerlässlich.

Der große Knall

Eines Tages, wenn es seinen Zweck erfüllt hat, wird das physikalische Universum enden. Das Universum wird den Prozess durchlaufen, der als ‚Big Crunch' bezeichnet wird. Dies ist völlig natürlich, weil alles, was in das Physische hineinkommt, zum perfekten Zeitpunkt abläuft. Die Planeten sind geschaffen und zum richtigen Zeitpunkt werden sie zerfallen. Das Leben beginnt langsam und - wie wir aus der Beobachtung unseres eingeborenen Planeten wissen – erreicht es irgendwann seinen Höhepunkt, und schließlich wird es verschwinden wie es begann. Die Planeten werden irgendwann ihren Zweck erfüllt haben. Alles im physikalischen Universum wird den gleichen Prozess durchlaufen. Wir lernen diesen Vorgang bereits im kleineren Maßstab kennen, wenn wir lebende Organismen betrachten. Sie werden geboren, wachsen und reifen, und dann im passenden Moment verlassen sie das Körperliche.

Zweck

Das Universum hat einen klaren Zweck. Es wurde für Seelen entworfen, die einen Teil des Schöpfers in sich tragen. Uns ist die Chance gegeben, die Fülle der Existenz durch unsere Entscheidungen, Neigungen, Fähigkeiten und Wünsche zu erfahren. Es gibt viele Schichten der Schöpfung, die uns noch verborgen sind und die zu einem späteren Zeitpunkt aufgedeckt werden.

Universelle Tests

Wir kamen ins Physische, um einen Test zu absolvieren. Alles, was wir durchleben, ist ein Test. Auch ist Alles, was wir sind, ein Test. Unsere Familie, unsere finanziellen oder gesellschaftlichen Umstände und auch unser Körper selbst können wir als eine Prüfung betrachten, die wir bestehen sollen. Deshalb sind wir hierhergekommen. Dies ist der eigentliche Grund warum wir der oder diejenige sind, der bzw. die wir sind und warum wir das haben, was wir haben. Es gibt viele körperliche Lektionen zu lernen und das Leben selbst ist in vielerlei Hinsicht sowohl ein Unterricht und eine Prüfung zugleich. Diejenigen, die alle Lektionen beherrschen, legen all ihre Lasten ab und erheben sich im Universum. Dieser Vorgang kann einen Tag oder eine Ewigkeit dauern. Wie schnell jede Person es tut, entscheidet sie selbst.

Sie werden beobachtet

Wir werden vom Universum selbst beobachtet. Jeder Gedanke und jede Aktion wird energetisch aufgezeichnet. Das Universum lässt sich nicht täuschen. Niemand kann sich etwas entgehen lassen in dieser Schöpfung. Alle Neigungen, Gedanken und Handlungen werden bemerkt. Dazu müssen wir sie so kritisch wie möglich betrachten, so dass wir tun, was wir wollen und was uns und Anderen gut tut , weil wir für das, was wir erschaffen, verantwortlich sind.

Die beiden unsichtbaren Listen

Eines Tages, wenn wir die physische Ebene verlassen, wird es zwei Listen geben: die Liste der guten Taten und die Liste der schlechten Taten.

Die Liste der guten Taten

Gesegnet sind jene Seelen, die lange Listen von guten Taten gesammelt haben, die ewig geschätzt und belohnt werden. Sie werden in der Ewigkeit dafür entschädigt, wie sie gelebt haben. Sie werden eingeladen, vom besten Teller zu essen, wie es in der Theorie der drei Platten beschrieben wird.

Die Liste der schlechten Taten

Seelen, die die universellen Gesetze ignorieren, können sich dafür entscheiden, etwas Böses zu erschaffen während sie auf dieser Welt sind. Sollte jemand lange Listen von negativen, unerwünschten Taten erstellt haben, dann müssen sie für Ihre Schuld büßen. Im Idealfall würden sie erkennen, was sie getan haben, und alles ändern, bevor ihre Seele den Körper verlässt. Die Gelegenheit wird es nicht mehr geben, wenn die Seele und der Körper nicht mehr zusammen sind. Jeder wird seine Abgaben in Übereinstimmung mit den ewigen Gesetzen machen müssen. Schlechte Taten sind Übertretungen gegen unseren Schöpfer.

Was können wir tun, um das Beste aus uns herauszuholen?

Logischerweise können wir uns dafür entscheiden, unser Bestes zu geben. Wenn wir nur das tun, was gut und erhebend ist, werden wir entsprechend dafür belohnt werden (s. meine Theorie der Spiegel). Lassen wir uns alle Tests des Universums bestehen, damit wir eines Tages in Frieden ruhen können. Frieden ist positiv und ist daher nur denen vorbehalten, die in den positiven Teil des Jenseits kommen. Lassen wir uns nicht täuschen: nicht Alle ruhen dort!

Zu merken von der Theorie des Universums und seiner Tests

1. Wir sind hier, um einen Test zu bestehen.

2. Alles, was wir haben und sind, ist Teil einer Prüfung.

3. Jeder Gedanke und jede Tat werden von dem Universum aufgezeichnet. Niemand kann jemals in dieser Schöpfung irgendetwas verbergen.

4. Jede Tat wird auf eine unsichtbare Liste gesetzt, die eingesehen wird, wenn wir das Physische verlassen.

5. Es gibt zwei Hauptlisten, die Liste der guten und die Liste der schlechten Taten. Aus der Sicht des Universums bedeutet die erste Liste Erfolg und die zweite Liste bedeutet Scheitern.

THEORIE 4
Die Theorie des rechten Ansatzes

Erinnerst Du Dich an Deinen ersten Schultag?

Wer würde das nicht, nicht wahr? Erlaube mir, meine Geschichte zu erzählen. Meine erste Schule war nur einen Katzensprung von der Wohnung meiner Eltern entfernt. Meine Mutter führte mich über die Straße und hielt meine Hand. Ich saß Dicht neben der Tafel und die Lehrerin war sehr nett. Sie redete ein wenig und dann bat sie uns zu zeichnen. Sie gab uns Papier und Buntstifte. Als wir fertig waren, lobte sie uns und wir gingen nach Hause. So wurde es früher, vor vielen Jahren in der Tschechoslowakei gemacht. Der erste Tag wurde so angenehm wie möglich gestaltet. Die folgenden Tage waren weniger angenehm, weil wir länger bleiben mussten und anfingen, mehr zu tun. Wir erhielten sogar Hausaufgaben. Es ist jedoch nur der erste Tag, der sich in unsere Gedanken einprägt. Lasst uns unsere Begegnungen so angenehm wie möglich gestalten, weil der erste Eindruck zählt.

Wie fühlen wir uns, wenn wir etwas zum ersten Mal tun?

Wenn wir etwas zum ersten Mal tun, sind viele von uns schüchtern, unsicher. Wir hoffen auf das Beste hoffend oder denken, dass wir die Aufgabe irgendwie meistern werden. All dies liegt an unserer Unerfahrenheit. Erinnerst Du Dich daran, eine Anzeige gesehen zu haben, in der ein Unternehmen eine nicht mehr als 18-jährige Sekretärin mit 50-jähriger Praxis sucht? Wie können wir Erfahrung mit etwas haben, das wir noch nie gemacht haben? Wie können wir wissen, wie es sich anfühlt ober wie unser Körper darauf reagieren wird? Wir können es nicht.

Der richtige Ansatz

Wie können wir Erfahrungen sammeln ohne uns selbst die Erfahrung zu erlauben? Es geht nicht anders! Also, was ist der richtige Ansatz? Die einzig mögliche Art, dies zu tun, besteht darin, es zuerst zu tun und gleichzeitig durch dieses Handeln etwas herauszufinden. Es geht darum, Dinge zu tun. Viele Teile dieses Buches betrachten dieses Thema aus verschiedenen Blickwinkeln. Ich spreche darüber in der Theorie des Mehr-Person-Seins, in der ich darlege, dass derjenige, der es sich erlaubt, Erfahrungen zu sammeln, am Ende meist mehr bekommt als derjenige, der sich das Erfahrungen-Sammeln nicht erlaubt. Ich betrachte es auch in der Theorie der Verantwortung und der Konsequenzen, in der ich auf die Ergebnisse unseres Handelns hinweise. Auch behandele ich dieses Thema in der Theorie der Entscheidungen und Wahlmöglichkeiten, in der ich dazu rate, weise auszuwählen, was wir tun. Im Gegensatz dazu lehrt uns die „Zeckentheorie," wie man das Unerwünschte vermeiden kann.

Meine kulinarischen Anfänge

Um den richtigen Ansatz zu demonstrieren, werde ich Dir mitteilen wie ich vor vielen Jahren kochen gelernt habe. Ich war zweiundzwanzig Jahre als, als ich endgültig aus meinem Elternhaus auszog. Ich mietete ein Zimmer in einer nahe gelegenen Stadt. Ich kaufte Lebensmittel ein und kochte diese. Was ich produziert hatte, war leider ungenießbar. Also habe ich es in den Abfall geworfen. Diesen Vorgang habe ich mit mehr oder weniger Erfolg seit fast zwei Jahre lang wiederholt. Danke, dass Du jetzt nicht lachst! Nach diesen zwei Jahren geschah ein Wunder. Ich konnte kochen und mein Essen schmeckte mir! Ja, das war ich, niemand sonst. Ich brauchte zwei weitere Jahre ununterbrochener Bemühungen, bevor ich anständige Mahlzeiten für andere Menschen zusammenbrauen konnte. Heutzutage kämpfe ich nie mit dem Kochen oder Backen leckerer Gerichte, aber ich musste erst jahrzehntelang Erfahrung sammeln.

Wie steht es mit unserem Leben?

Lasst uns die Existenz genauso behandeln. Warum erlauben wir es uns nicht die Erfahrungen zu machen, die uns das Leben beschert? Erlaube es Dir, alle Risiken einzugehen, alle Vorteile in Betracht zu ziehen und dann loszulegen. Wir dürfen keine Zeit verlieren. Wie kann ich eine Erfahrung machen, wenn ich es mir verweigere, sie zu machen?

Wählen Sie den richtigen Ansatz

Wie denn? Indem man das Leben lebt, egal was die Kinderkrankheiten auch sein mögen, und indem wir weitermachen, bis wir ankommen sind. Dies gilt für alles. Lasst uns nach den Sternen greifen. Wir werden weiter kommen als die, die nur auf die Baumkronen abzielen. Machen wir dies in jedem Alter! Wir sind nicht tot bis wir es sind. Wir können alles schaffen! Jetzt ist der richtige Zeitpunkt.

Zu merken aus der Theorie des rechten Ansatzes

1. Machen wir jetzt einen Anfang,

2. Erlauben wir uns Erfahrungen zu sammeln,

3. Wählen wir sorgfältig aus, was wir wollen,

4. Berücksichtigen wir alle Vor- und Nachteile,

5. Tun wir dies in jedem Alter,

6. Streben wir nach den Sternen.

THEORIE 5
Die Theorie der zwei Fragen

Wir sind für uns selbst verantwortlich

Es ist erhebend zu wissen, dass wir so viel Macht über unser Leben haben. Lass uns lernen, wie wir ewig glücklich sein und wie wir unsere aktuellen Umstände zu verbessern können. Alles basiert auf unseren Entscheidungen. Wie lauten die beiden essenziellen Fragen?

Frage Nummer 1: Was wirst Du zwischen dem jetzigen Moment und Deinem letzten Atemzug tun?

Welche Antwort hast Du auf die obige Frage gegeben? Hast Du gesagt, dass Du jemand Wichtiges werden wirst oder viel Geld verdienen wirst? Wenn ja, dann wirst Du sehr von diesem Buchen profitieren. Wenn Du am Ende angelangt bist, komm zu dieser Frage noch einmal zurück und vergleiche deine Antworten, so dass Du merkst wie viel Du gelernt hast.

Wenn Du sagst, dass Du Dich verbessern willst, basierend auf einem besseren Verständnis, dann muss ich Dir gratulieren, weil Du bereits aus diesen Zeilen gelernt hast. Wir können nicht einfach so weitermachen wie vorher, weil wir uns die Vorteile verweigern würden, die mit dem Lernen verbunden sind.

Wenn Du im Alter von 60 Jahren dieselben Überzeugungen hast, die Du als 20-Jähriger hattest, hast Du 40 Jahre deines Lebens verschwendet. Wenn Du ein Buch zu Ende liest und es weglegst, ohne etwas davon zu lernen, hast Du möglicherweise Deine Zeit verschwendet. Wenn Du Dir Notizen machst, die für Dich relevant sind, und persönliche Fragen stellst, die Dir helfen werden, Dich zum Besseren zu verändern, machst Du das Richtige. Informationen, die wir aus Büchern gewinnen, können in unserem Leben verwendet werden. Vom Lesen dieses Buch können wir möglicherweise für immer profitieren.

Frage Nummer 2: Was wirst Du tun nachdem Du gestorben bist?

Denkst Du: „Wen interessiert das? Ich werde ja tot sein." Wenn ja, vielleicht wirst Du überrascht sein zu erfahren, wie viel es da noch zu lernen gibt. Es liegt jetzt in deinen Händen, wo Du Dich in universellen Begriffen versetzt.

Wenn Du Dich nicht um Dich selbst kümmerst, kann es niemand für Dich tun

Wäre es nicht klug, sich für alle Ewigkeit vorzubereiten, anstatt nur für ein paar Jahrzehnte? Glaubst Du vielleicht, dass Du nie sterben wirst? Erinnerst Du Dich an den Moment, als Du geboren wurdest? Nein? Nicht einmal an Deinen ersten Atemzug? Wahrscheinlich wirst Du Dich auch nicht an den Moment Deines Todes erinnern. Woher kommen wir? Wohin gehen wir? Warum sind die Antworten auf diese Fragen so schwer fassbar?

Lass uns mit unserem vorhandenem Wissen arbeiten und die Worte Jesu verwenden, die er uns gelehrt hat. Wenn Du eine andere Person mit den Augen Jesu anschaust, wirst Du sie am besten behandeln, egal wer sie ist oder woher sie kommt. Wir lesen in Matthäus 7:12: „Alles nun, was ihr wollt, dass euch die Leute tun sollen, das tut ihr ihnen auch." Es ist relevant für uns, weil dieses Prinzip wirklich lebenswert ist. Wenn ich Dein bestes Benehmen mir gegenüber schätzen wüsste, dann kann ich Dir gegenüber auch mein Bestes anbieten, weil ich weiß, dass Du es auch zu schätzen weißt. Würdest Du wollen, dass andere Dich gut behandeln, wenn ihre Rollen vertauscht wären?

Fristen? Welche Fristen?

Wie möchte ich behandelt werden, wenn ich eine Frist verpasst habe? Würde ich mir selbst fristlos kündigen? Nein, ich kann mir nicht selbst sofort kündigen. Warum ist der Chef so verärgert? Hat er noch nie eine Frist verpasst? Wie würde ich mit einem Mitarbeiter umgehen, der einen Abgabetermin verpasst hat? Warum gibt es an meinem Arbeitsplatz keine Prozesse zur Beseitigung fehlender Fristen? Warum wurde die Arbeit nicht pünktlich eingereicht?

Zu merken von der Theorie der zwei Fragen

1. Was Du zwischen dem heutigen Tag und Deinem letzten Moment auf dieser Welt tun wirst, wird Dein Leben nach dem Tod bestimmen.

2. Wenn Dir Deine Seele egal ist, kann sich niemand um Dich kümmern.

3. Behandele die anderen Menschen so, wie Du behandelt werden möchtest, wenn Eure Rollen vertauscht wären.

THEORIE 6

Die Theorie einer idealen Person

Was ist ein idealer Mensch?

Der ideale Mensch ist erfüllt von Liebe für die gesamte Schöpfung. Er oder sie verstehen, worum es im Leben geht. Verletzen lebender Organismen ist verabscheut und gehört einer so fernen Vergangenheit an, dass es nicht einmal mehr erwähnt oder gezeigt wird. Ideale Menschen leben für höhere Ideale von Moral, Integrität und Adel. Sie sind die größten Menschen, die es gibt und als solche denken sie positiv und bringen nur Gutes hervor.

Wir sitzen im selben Boot

Mein Anhänger, Khalid, gab mir eine Idee für eine Analogie über dasselbe Boot, das ich Dir jetzt vorstellen werde. Demnach ist diese Welt wie ein Boot. Du kannst kein Loch in dieses Schiff hauen, damit andere Leute versinken ohne Dich selbst zu versenken. Wir können die ganze Welt aus der gleichen Perspektive betrachten. Dies ist die Art von Verständnis, die wir entwickelt haben. Wir hier sprechen nicht nur über unser körperliches Leben, sondern wir sprechen auch über das Nicht-Physische. Niemand kann gegen einen anderen antreten ohne gegen sich selbst anzutreten. Lies meine Theorie der Spiegel für mehr Informationen zu diesem Thema. Dies sind die ewigen Konsequenzen, die dieses Buch durchgehend erklärt.

Siehe die Theorien der Entscheidungen und Wahlmöglichkeiten sowie die der Verantwortung und Konsequenzen, wenn Du dazu erfahren möchtest.

Welche Veränderungen ermöglichten das Entstehen idealer Menschen?

Die bedeutendste Entwicklung in diesem Zusammenhang ist die Entfernung von Negativität. Die nächste Entwicklung ist die Beseitigung der Konzentration darauf, wie die Welt in der Vergangenheit existierte. Die Geschichte selbst gehört der Vergangenheit an. Wir wollen nicht in der Vergangenheit leben und deshalb müssen wir sie genau dort lassen, wo sie hingehört – hinter uns. Alles hat sich mit dieser neuen Wahrnehmung dessen, wie wir leben wollen, verändert. Es wird nur Gutes gelehrt. Der Fokus liegt auf der Ausrottung alles Bösen, was früher ein Sprungbrett bei der Suche nach Besserung und Verbesserung in der Welt war. Alle werden genau so behandelt, wie es in der Theorie der Zwei Fragen beschrieben wurde, die auf den Lehren Christi beruhen. Ich gebe Dir mein Bestes und Du gibst mir Deins.

Wie behandelt ein idealer Mensch Tiere?

Tiere werden seit Jahrhunderten nicht mehr verwendet, um den Hunger zu stillen. Alle Branchen und Geschmäcker haben sich aufgrund des Neuen Verständnisses des Universums verändert.

Die Menschheit hat sich weiterentwickelt und arbeitet mehr mit Energien als jemals zuvor. Der Hunger auf Fleisch hat nachgelassen. Neue Lebensmittelkombinationen wurden entwickelt. Veraltete kulturelle und kulinarische Gewohnheiten wurden als unnötig und unerwünscht verworfen.

Nur in Extremfällen werden Tiere verzehrt. Sie beinhalten das reine Überleben. Auch an Orten wie dem Polarkreis essen Menschen

Fleisch nur als letzten Ausweg, also weil es keine anderen Nahrungsmittel gibt. Bewohner des Planeten Erde haben vegetarische Nahrungsketten entwickelt, um sich selbst zu erhalten. Diese Nahrungsketten halten sie auf einer höheren Schwingungsebene.

Fleisch wird vielerorts seit Jahrzehnten nicht mehr konsumiert. Werfen wir einen Blick auf ein einfaches Verständnis, das unsere Logik erklärt.

Frag den Stier

„Darf ich Dich schlachten, Stier?", fragt ein Mann. „Ich will Dich essen." Was würdest Du sagen, wenn Du der Stier wärst und antworten könntest?

Würdest Du sagen: „Natürlich, Mann! Iss mich! Ich würde es genauso machen!" Oder würdest Du eher sagen: „Absolut nicht! Hast Du nicht genug anderes zu essen? Warum musst Du mich töten? Ich möchte leben!"

Diese Denkweise wurde akzeptiert und weltweit umgesetzt und als Folge dessen fand das Töten ein Ende. Der Planet hat jetzt seine Schwingung geändert.

Tier-Trophäen

Tiere werden auch nicht mehr als Trophäen betrachtet. Sie werden in Ruhe gelassen, respektiert, sind geschützt und frei. Sie werden nur für die Produktion von Eiern, Milch oder solche Leistungen, die weder Schlachten oder anderes Leiden erfordern, verwendet. Auch die Mode hat sich verändert. Tierkörper gelten als ungeeignet für Kleidung und Schuhe. Moderne künstliche Stoffe sind langlebiger, bequemer und optisch ansprechender als alle tierischen Körperteile.

Keine Einschränkungen

Der Mensch der Zukunft ist nicht mehr eingeschränkt, wie es am Anfang der Zeit der Fall war. Es gibt keine Grenzen so lange die universellen Gesetze nicht gebrochen werden. Diese Gesetze sind ewig, universell und allen bekannt. Vor tausend Jahren wurden sie ignoriert, missverstanden und missachtet. Heutzutage können die Menschen tun, was sie wollen, die Gesellschaft schränkt sie nicht ein. Wir leben endlich auf einer höheren spirituellen Schwingungsebene. Unsere Sinne wurden gestärkt, unsere Fähigkeiten haben sich ausgeweitet und wir nehmen nicht-physische Themen ernster an wie je zuvor.

Zu merken von die Theorie einer idealen Person

1. Die idealen Menschen lieben alle Lebewesen und denken positiv.

2. Fleisch essen gehört der Vergangenheit an.

3. Tiere sind frei und werden gut behandelt.

4. Universelle Gesetze sind bekannt und werden befolgt.

5. Der Planet wird eine höhere Schwingung erreichen, wenn seine Bewohner negative Gedanken und Handlungen abgelegt haben.

THEORIE 7
Die Theorie einer idealen Welt

Universelle Weisheit

Diese Theorie basiert auf universellen Prinzipien und heiligem Wissen, das nur denen zugänglich ist, die ein angemessenes Maß an ewiger Reinheit erreicht haben. Je höher wir uns erheben, desto mehr Zugang und Freiheit werden wir in diesem Universum genießen können.

Die griechische Insel Kos

Vor einigen Jahren war ich auf der Ägäisinsel Kos im Urlaub. Ich kam spät an und da es Hochsaison war, musste ich etwa zwei Stunden auf ein Taxi warten. Dies bedeutete, dass ich erst gegen Mitternacht bei meiner Unterkunft ankam. Zum Glück gehen die Leute in Griechenland spät ins Bett und so konnte ich mich mit einem Barkeeper im Schwimmbad unterhalten. Da es keine Empfangsdame gab, rief er jemanden per Telefon an, gab mir eine Dose Bier und sagte: „Entspann Dich! Das geht auf Kosten des Hauses." Eine Stunde später sah ich zwei junge Burschen ankommen, die begannen mein Zimmer vorzubereiten. Ein wenig später gaben sie mir meinen Schlüssel und gingen weg. Ich betrat das Zimmer und versuchte, die Tür abzuschließen, jedoch ohne Erfolg. Irgendetwas stimmte mit dem Schloss nicht. Ich überlegte kurz, wie sicher ich in einem unabgeschlossenen Zimmer wäre und da es sich um eine kleine Insel handelte, beschloss ich, dass ich sicher genug sein würde und legte mich schlafen. Am nächsten Morgen meldete ich das Problem in der Hoffnung, dass es in Kürze behoben würde. Dies geschah aber nicht. Ich habe die ganze Woche mit unverschlossener Tür geschlafen.

Jeden Tag segnete ich den Raum mit Sicherheit, anstatt ihn abzuschließen. So hatte ich noch nie geschlafen. Es gab dort Momente, in denen ich darüber nachdachte, wie wunderbar es sich anfühlen würde, wenn ich mich nicht um meine eigene Sicherheit kümmern zu müssen. Wäre es nicht wunderbar, wenn wir uns immer und überall so fühlen könnten?

Was ist eine ideale Welt?

Stellen wir uns eine Welt vor, die für immer in Frieden existiert und wo absolut niemand jemals davon träumen würde, etwas oder jemanden auszunutzen. Das Vertrauen in andere Menschen ist absolut und die Menschen müssen ihre Türen nicht abschließen oder ihr Eigentum schützen, weil es absolut keine Bedrohung für sie oder ihre Familie gibt. Niemand würde jemals davon träumen, irgendwelche Besitztümer an sich zu nehmen, die einem anderen gehören. Alle Bürger arbeiten zusammen, schätzen einander und unterstützen sich gegenseitig. Sie können es sich nicht einmal vorstellen etwas anderes zu tun. Böse Gedanken, Wünsche, Neigungen oder Taten wurden vor Jahrtausenden verworfen. Es gab eine Anpassungszeit, in der solche Laster entfernt wurden. Diese Zeit ging zu Ende und jetzt existiert nur noch Positivität auf der Welt. Die alten Wege werden nicht besprochen, offengelegt oder in irgendeiner Form gezeigt und deshalb beeinflussen sie niemanden mehr. Die Welt hat eine neue Höhe der Zivilisation erreicht.

Alle Bewohner benehmen sich wie eine Familie, die sich gut versteht. Es gibt keine Einschränkungen. Jeder weiß, was erlaubt ist und was nicht und alle Menschen halten sich bereitwillig an die universellen und irdischen Gesetze.

Die Menschen verschmolzen vor langer Zeit zu einer multikulturellen und multiethnischen Einheit. Jetzt haben sie das Recht, in jeden Teil der Welt zu reisen, um dort zu leben und alle sind überall willkommen. Es gibt keine Reisepässe mehr. Alle Menschen sind sicher und werden respektiert, wo immer sie auch hingehen. Die Kulturen sind homogen geworden, und alle sind geachtet, unabhängig von ihrer Herkunft, ihrem Bildungshintergrund oder ihrer sozialen Stellung. Es gibt ein besseres Verständnis dafür, wer wir sind. Wir haben aufgehört, uns abzugrenzen. Stattdessen arbeiten wir jederzeit und in jeder Hinsicht zusammen.

Die Menschen verstehen, warum sie auf die Welt gekommen sind und streben danach, es nicht nur im Irdischen, sondern auch im Universellen richtig zu machen. Beide Bedingungen sind ihnen gleich wichtig, weil sie Wissen über die Vor- und Nachgeburt und andere universelle Gesetze haben. Diese Welt kann mit der, auf der Adam und Eva am Anfang aller Zeit lebten, verglichen werden.

Menschen werden ohne Vorurteile empfangen. Das Aussehen ist nicht mehr wichtig. Personliche Große und Großzügigkeit zu zeigen ist zu einem neuen Standard geworden. Das Einbringen von Ideen, Erfindungen und neuen Designs an anderen Orten ist eine gängige Praxis. Man tut dies, um die bereits dort Lebenden zu bereichern und einen Beitrag zu leisten, aber nie um sie auszunutzen, zu dominieren oder zu erobern.

Die Welt spricht eine Hauptsprache. Viele negative, niedrig schwingende Wörter wurden so wie sie sind aus dem Gebrauch genommen, weil sie in den letzten tausend Jahren unnötig geworden sind.

Warum ist diese Welt ideal?

Diese Welt ist ideal, weil ihre Bewohner verstehen, was sie verbindet. Sie wissen, dass sie gedeihen können, wenn sie zusammenarbeiten. Sie haben ein besseres Leben, wenn es keine Einschränkungen für ihre Freiheit gibt und arbeiten unermüdlich an der Wahrung des Friedens und der Zusammenarbeit. Die Atmosphäre ist erfüllt von dem Wunsch, Andere zu unterstützen und ihnen zu helfen. Das aktuelle spirituelle Verständnis fördert die Entwicklung des Guten und Positiven, das Auswirkungen auf alle hat, sowohl während sie auf dieser Welt sind als auch im Jenseits. Der Wunsch danach, mehr zu haben oder zu sein als Andere gehört der Vergangenheit an. Niemand braucht dies mehr. Sogar Führungskräfte sind gleich freundlich zu allen Mitarbeitern.

Zu merken von der Theorie einer idealen Welt

1. Es gibt nur Unterstützung, Verständnis, Positivität und Ermutigung in der idealen Welt.

2. Das Verschließen von Türen in der Nacht ist nicht mehr erforderlich, da niemand jemals davon träumen würde, einen anderen in irgendeiner Weise auszunutzen.

3. Die Welt funktioniert als Einheit.

4. Die Menschen sind gleich, freundlich, respektvoll und arbeiten auf Ziele hin, die ihnen allen nutzen.

5. Alle Vorurteile und Differenzen wurden beseitigt.

6. Der alte Wunsch, mehr als andere zu sein oder zu haben, existiert nicht mehr.

7. Diese ideale Welt wird eines Tages Wirklichkeit werden.

THEORIE 8
Die Theorie, es richtig zu machen

Die Größten machen es immer richtig

Ist es überraschend, dass die größten Menschen im Universum alles richtig verstanden haben? Es ist logisch, nicht wahr? Sie haben es nie bereut, es bekommen zu haben. Man kann etwas nur bereuen, wenn man etwas falsch gemacht hat. Lasst uns beginnen die richtigen Entscheidungen zu treffen, die mehr Belohnungen und größeren Nutzen für uns auch nach unserem Tod garantieren. Es ist möglich und kann für uns zur Inspiration werden.

Die guten Nachrichten

Die gute Nachricht ist, dass wir völlig frei sind. Erinnerst Du Dich an das Buch von Charles Dickens „Eine Geschichte aus zwei Städten?" In diesem Buch schrieb Dickens im Jahr 1859: „Es war die beste aller Zeiten, es war die schlimmste aller Zeiten…" und es gilt heute immer noch genau so wie damals. So, wann ist die beste Zeit dafür? Ist es nicht jetzt?

Die schlechten Nachrichten

Die schlechte Nachricht ist, dass wir völlig frei sind. Wieso denn? Da wir es sind, können wir frei entscheiden, wenig zu tun, weil es so viel einfacher ist. Wir können uns auch dafür entscheiden, bestimmte Dinge zu ignorieren, sogar unsere eigene Sterblichkeit. Schauen wir uns also diese Theorie an und finden wir ihre Anwendung für uns als Individuen. Ok?

Die Sterbebettperspektive

Diese Perspektive werde ich erklären, indem ich Euch die Perspektive ihres Sterbebettes vorstelle, damit ihr Euch meine Idee besser vorstellen könnt.

Theoretisch wirst Du eines Tages auf Deinem Sterbebett liegen und wissen, dass die letzten Momente deines physischen Lebens gekommen sind. Du wirst diesen Körper für immer zurücklassen. Gar nichts ist mehr wichtig für Dich, es gibt nichts, was Du ändern oder rückgängig machen könntest. Was getan ist, ist getan. Du hattest Dein ganzes Leben Zeit, es richtig zu machen und jetzt ist deine Zeit ein für alle Mal abgelaufen.

Das 'Best'-Case-Szenario

Was denkst Du, was wirst Du fühlen? Wird es Stolz sein, Glück und Erleichterung? Wenn ja, dann sind Glückwünsche angebracht. Du hast gute Arbeit geleistet! Du bist total begeistert von allem, was Du jemals getan hast. Jetzt bist Du bereit, nach Hause zurückzukehren. Danke, lieber Schöpfer, dass Du es so eingerichtet hast – dass wir geboren sind, etwas Wunderbares und Befriedigendes erschaffen und dann wieder nach Hause gehen können. Wir haben unser Leben gut genutzt.

Das 'Worst'-Case-Szenario

Was könnte es sein? So etwas wie „Was? Nein, nein, nein! Es darf nicht sein! Ich habe noch so viel zu tun! Ich habe noch nichts fertig. Es gibt so viele Streits, die ich nie beigelegt habe. Ich habe so viele Schulden gemacht, die alle noch offen sind. Ich habe so viele zum Weinen gebracht. Ich habe so viel Unglück verursacht! Ich habe die Geschäfte meiner Rivalen zerstört, ihre Lebensgrundlagen ruiniert, sie erniedrigt, beraubt und verletzt. Ist meine Zeit jetzt schon um? Ich habe keine Zeit mehr, das wieder gut zu machen?"

Wir wissen nie wann

Erinnern wir uns an die Natur unserer Existenz. Wir wissen nie, egal wie jung oder alt wir sind, wann wir diese Welt verlassen werden. Es könnte heute Abend sein. Es ist besser, wenn wir immer darauf vorbereitet sind.

Lösung des Rätsels

Was ist nun die Antwort? Wir können jederzeit vorbereitet sein. Wir können uns dafür entscheiden, niemals etwas zu tun, was wir bereuen werden. Der beste Weg, diese Welt zu verlassen, ist, wenn wir mit Glück erfüllt sind, weil wir tolle Arbeit geleistet haben. Was auch immer Du tust, sorge dafür dass Du um deiner eigenen Seele willen diese Welt nicht voller Reue verlässt. „Ich hätte dies tun sollen. Das hätte ich nicht tun sollen." Es ist zu spät, wenn Deine letzten Momente auf Dich zukommen. Du musst im Leben handeln, wie es im Moment ist, bevor es zu spät ist.

Zu merken von der Theorie, es richtig zu machen

1. Diejenigen, die es richtig machen, bereuen es nie.

2. Betrachte Dich selbst aus der Sterbebettperspektive.

3. Stelle sicher, dass Du es so gut wie möglich immer richtig machst, weil Du nie weißt, ob Du eine Chance haben wirst, es wiedergutzumachen.

4. Stelle sicher, dass Du nichts bereust.

5. Gutes tun hat gute Folgen.

THEORIE 9

Die Theorie des guten Verhaltens

Gut sein

Alles ist eine Frage des spirituellen Fortschritts. Diese Weisheit wurde früher völlig ignoriert. Heute wissen wir es besser. Gut ist positiv und hat somit eine höhere Schwingung als Negativ. Es ist logisch. Schlecht ist im Minus. Schau auf Dein Thermometer, um die klarste Demonstration dessen zu sehen, über was ich hier spreche. Natürlich können wir uns das leicht vorstellen. Es ergibt Sinn. Wenn Du möchtest, lies die Theorie der Logik, um mehr dazu erfahren.

Gutes Benehmen wird immer geschätzt. Wir belohnen unsere Kinder nicht dafür, dass sie schlecht sind oder uns schlechte Dinge angetan haben, nicht wahr? Negatives Verhalten wird normalerweise auf die eine oder andere Weise bestraft. Manchmal verweigern wir unseren Kindern den Zugang zum Internet, um ihnen zu zeigen, dass ihr Verhalten nicht geduldet wird. Menschen verlieren ihre Arbeit, wenn sie Dinge falsch machen oder etwas tun, was schlecht für ihren Arbeitgeber ist. Schlechtes Verhalten ist in vielerlei Hinsicht strafbar.

Das Universum lässt uns steigen oder fallen

Es gilt auch für unsere universelle Existenz. Wenn wir das tun, was gut ist, bewegen wir uns vorwärts und steigen auf. Wenn wir das Gegenteil des Guten tun, fallen wir genau wie Quecksilber in einem Thermometer. Wir können darüber sprechen, wie positive Ermutigung funktioniert oder wie unsere Körper auf gutes Essen reagieren. Leider wählen einige von uns schlechtes Essen wählen und müssen dann die Folgen tragen. Lies meine Theorie der spirituellen Ernährung für mehr zu diesem Thema.

Wie wir bereits wissen, können wir alle völlig frei wählen, ob wir Gutes oder etwas anderes tun. Es ist wichtig, die ewigen Belohnungen im Kopf zu behalten. Ob es uns gefällt oder nicht, wir sind sterblich und es ist an der Zeit, dass wir uns so benehmen. Es ist an der Zeit unser Leben nach dem Tod als wichtig zu betrachten. Sonst wären wir wie Schwimmer in von Krokodilen befallenen Gewässern. Die Krokodile sind unsere Sünden, und wir können ihnen nicht entkommen, weil sie in unsere Seele geprägt sind.

Das Prinzip ist das gleiche

Was müssen wir tun oder sein? Wir möchten alle Belohnungen erhalten, die das Universum zu bieten hat. Überlege, was Du mit Deinen Kindern machst und stell Dir vor, Du seist ein Kind des Universums. Ja, das Prinzip ist das gleiche. Entweder wir gefallen oder missfallen dem Universum. Wir bewegen uns entweder nach oben, unten oder nirgendwo hin. Wir können es jetzt richtig oder falsch machen.

Zu merken von der Theorie des guten Verhaltens

1. Unser Verhalten muss gut sein, um belohnt zu werden.

2. Wenn wir nicht gut sind, werden wir bestraft.

3. Betrachten wir uns selbst mit den Augen des Schöpfers.

4. Ewige Belohnungen müssen bei allem, was wir tun, im Auge behalten werden.

5. Ob es uns gefällt oder nicht, wir sind sterblich. Es ist höchste Zeit für uns, anzufangen uns auch so zu verhalten.

THEORIE 10
Die Theorie der Veränderung

Existenz ist Veränderung

Können wir unser ganzes Leben lang so bleiben wie bei der Geburt? Wenn ja, warum wachsen und reifen wir? Man könnte behaupten, dass wir uns ändern sollten. Betrachten wir die Welt um uns herum. Verändern wir uns nicht ständig?

Einstein soll so etwas gesagt haben wie, wenn Du

dasselbe Experiment tausendmal auf die gleiche Weise durchführst, kannst Du kein anderes Ergebnis erwarten. Glaubst Du, er hatte recht? Wenn ja, warum wohl?

Vergangenheit versus Gegenwart und Zukunft

Wenn wir genauso leben wie unsere Vorfahren, können wir nicht erwarten, ein besseres Leben zu haben als sie. Wir können uns kaum vorwärtsbewegen, wenn wir nur von ihnen lernen, was sie uns lehren, ohne etwas hinzuzufügen. Vielleicht verlassen wir uns einfach zu sehr auf sie statt nach mehr zu streben. Sie haben etwas entwickelt, das funktioniert. Also verwenden wir es, ohne zu versuchen es zu verbessern. Das reicht nicht. Da ist immer noch Platz für mehr, zum Beispiel umweltfreundlichere Produkte oder effizientere Möglichkeiten. Fühl Dich frei, die Theorien zur Erhaltung des Planeten und zur Verantwortung und ihrer Konsequenzen zu lesen. Denkst Du, dass deine Urenkel frische Luft atmen und in sauberem Wasser schwimmen wollen? Können wir ihnen das vorenthalten?

Der Wunsch steht an erster Stelle

Wir müssen den Wunsch nach Veränderung haben, um den Prozess in Gang setzen zu können. Dies geht nicht automatisch. Es muss ausgewählt, gepflegt, gehandelt und beharrt werden, um es dauerhaft zu machen. Es beginnt mit unseren Gedanken, Verhaltensweisen, Einstellungen, Beiträgen und Taten.

Erbe unserer Vorfahren

Wenn wir unsere Welt betrachten, können wir feststellen, dass wir die Wünsche aller früheren Generationen leben. Sie träumten davon, warmes fließendes Wasser zu haben. Also erfanden sie ein System dafür. Sie wollten Licht in der Nacht, also erfanden sie die Elektrizität und Glühbirnen. Sie wollten Maschinen haben, die für sie arbeiteten, also entwickelten sie elektrisch betriebene Maschinen. Sie haben von Anfang an vom Fliegen geträumt. Dann stiegen sie eines Tages zum ersten Mal in die Lüfte und heute nehmen wir das Fliegen als selbstverständlich wahr. Sie haben ihre Realität zum Besseren verändert. Das können wir auch.

Was können wir entwickeln?

Unsere Welt ist technologisch fortschrittlicher als je zuvor. Es ist an der Zeit, dass wir auch innerlich an uns arbeiten. Wir sind nicht unsere Telefone oder Computer, oder? Es gibt viele Selbstver-besserungsprogramme, die uns helfen sollen, mehr Geld zu verdienen oder ein besseres Leben zu führen. Leider schauen dabei nur sehr wenige auf das ganze Bild. Es ist wie mit der chinesischen Medizin, die nicht die Symptome heilt, sondern sich mit der Wurzel des Problems befasst.

Dreitausendzweiundzwanzig

Schauen wir uns unsere heutige Gesellschaft an. Wird Negativität propagiert? Wird Negatives in den Medien gezeigt? Hat jemand Interesse daran? Brauchen wir es immer noch in unserem Alltag? Im vierten Jahrtausend haben wir fast all dies überwunden. Natürlich ist das, was wir meinen und worüber wir sprechen, die spirituelle Negativität. Positive Veränderung beseitigt alles Negative. Dies ist eine Herausforderung, aber sie ist mit Belohnungen verbunden.

Und Du?

Schauen wir uns heute Deine Gedanken an. Haben sie etwas Negatives? Wie viele negative Gedanken hast Du? Warum lässt Du sie zu? Sind sie einmalig oder kommen sie Dir regelmäßig in den Sinn? Wer ist für deine Gedanken zuständig, wenn nicht Du? Diese Art von Fragen kann uns helfen Muster in unserem Denken zu brechen, die uns festhalten. Wer kann Deine Gedanken ändern, wenn nicht Du selbst? Wer kann Dein Leben verändern, wenn nicht Du selbst? Wenn wir in dieser Schöpfung vorankommen wollen, müssen wir positive Veränderungen in uns selbst vorantreiben. Dann werden wir in der Lage sein, die Vorteile unserer Transfor-mation zu genießen.

46

Zu merken von der Theorie der Veränderung

1. Negativität hat sich im Laufe der Jahrtausende in Positivität verwandelt.

2. Ändern wir das Gedankengut unserer Vorfahren, wenn es uns nicht mehr nützlich ist.

3. Lass positive Veränderungen ein Teil von Dir werden.

THEORIE 11
Die Theorie eines Gottesstandards

Was ist das?

Der Gottesstandard sind die Erwartungen, die der Schöpfer für uns und andere festgelegt. Bekommen wir die am besten oder am schlechtesten? Schaue Dich um, wo auch immer Du sein magst. Hat der Schöpfer einen schrecklichen Ort zum Leben für Dich auserwählt? Oder hast Du vielleicht das Allerbeste erhalten? Schau nicht auf Deine Familie - Sie ist ein Test. Wie sieht es mit dem Rest aus?

Wie funktioniert es?

Schaue Dir das Universum an, um die Antworten zu finden. Es ist perfekt durchdacht. Alles ist vorhanden. Jeder wird unterstützt und ihnen wird die beste Gelegenheit gegeben, egal ob sie Tiere oder Menschen sind. Ist es ein Zufall, dass ein Tier, das eine bestimmte Blattart zum Leben braucht, genau in dem Teil der Welt lebt, wo es eine Fülle dieser Art von Nahrung gibt? Wie ist es bei den Menschen? Ist es nicht dasselbe? Scheint die Sonne nicht auf alle gleich? Diskriminiert der Regen?

Was können wir daraus lernen?

Abgesehen von der offensichtlichsten Antwort, die wäre alles, können wir uns ansehen, wie es für uns ausgewählt wurde und vergleichen unseren Standard mit dem Standard Gottes. So etwas wurde noch nie auf diesem Planeten in großem Umfang durchgeführt. Warum nicht? Warum suchen wir so viel eher nach menschlicher Führung als die Führung des Schöpfers dieser Welt?

Was können wir tun?

Ab dem Moment, in dem wir diesen Top-Standard in unserem Unternehmen oder unserem Alltagsleben anwenden, werden wir dem Schöpfer näher denn je werden. Es ist logisch. Wollen wir es wirklich? Oder denkst Du etwa, dass der Allmächtige Fehler gemacht habe? Warum sind wir völlig frei? Warum dürfen wir Fehler machen, die uns manchmal unser Leben kosten oder uns sogar Milliarden von Jahren in nicht-physischen Gefängnissen einbringen? Was versucht uns das Universum zu zeigen?

Wir sind Teil einer Kette

Ist es vielleicht Sein Standard, alles zu zerstören alles und alle auszunutzen, komme was wolle? Ist es das, was wir in dieser Welt beobachten können? Ist es nicht eher so, dass alles von allem anderen abhängt? Ernährt etwa nicht jedes Bakterium einen größeren Organismus und dieser wiederum noch einen größeren? Wir als Menschen sind angeblich oben an dieser Kette. Sind wir es wirklich? Wie sieht es mit der nicht körperlichen Fortsetzung aus? Es endet sicherlich nicht im Physischen, oder? Wer steht über uns? Wem gegenüber sind wir verantwortlich? Warum sind wir die Spitze in der körperlichen Realität, wenn es nicht von einer höheren Macht so entschieden wurde? Der Schöpfer hätte ein Krokodil intelligenter als uns Menschen machen können und wir könnten uns nicht einmal beschweren.

Der Standard, den wir wählen können, ist jederzeit die beste Version unserer selbst zu sein und in jeder Hinsicht vernetzt, verantwortungsbewusst, unterstützend, einfallsreich, beitragend, lernend und spirituell voranzuschreiten.

Wer würde dies nicht wollen? In was für einer Welt würden wir als Folge einer solchen Praxis leben? Das ist unsere Zukunft, die real werden kann. Wir sollten sie uns selbst und unseren Kindern geben.

Was gibst Du dem Schöpfer zurück?

Gibt uns der Schöpfer des Universums etwas oder nicht? Ja doch, alles was wir haben, nicht wahr? Wirklich? Und was geben wir ihm zurück? Gar nichts. Da stimmt etwas nicht, oder? Gebete? Wozu? Denkst du, der Schöpfer braucht Deine Gebete wie uns in Filmen gezeigt wird? Was erwartet er von seinen Kindern? Was würdest Du von Deinen Schöpflingen erwarten, wenn Du der Schöpfer wärst? Ist das Minimum, das er von uns erwartet, nicht unser ehrliches Interesse an seiner Schöpfung und das Streben, die beste Version unserer selbst zu sein, die wir sein können? Vielleicht ist es Zeit für Dich, die Theorie des Besten, die einer jemals sein kann, zu lesen.

Zu merken aus der Theorie des Gottesstandards

1. Der Gottesstandard ist der höchste, den es gibt.

2. Der Standard, den wir wählen können, ist miteinander verbunden zu sein, verantwortlich, unterstützend, einfallsreich, beitragend, lernend und geistig fortschreitend.

3. Das Wichtigste, dass wir tun können, ist zu beobachten, wie der Schöpfer alles eingerichtet hat, um zu lernen und seinem Beispiel so sehr wie möglich, in jeder Hinsicht und die ganze Zeit zu folgen.

4. Frage Dich, was Du dem Schöpfer zurückgibst für alles, was Du bekommen hast.

THEORIE 12
Die Theorie, die beste Version seiner selbst zu sein, die es geben kann

Der Beste zu sein ist immer positiv

Vor tausend Jahren brauchten die Menschen nur eine einzige Fähigkeit zu entwickeln und zu perfektionieren, um dafür mit Geld belohnt zu werden. Im Laufe der Jahrhunderte sind wir gewachsen und verstehen jetzt, dass es nicht ausreicht, in einer einzigen Sache perfekt zu sein, um auf allen Ebenen in dieser Schöpfung erfolgreich zu sein. Deshalb streben wir bei allem, was wir tun, danach, unser Bestes zu geben.

Wir sind positiv und lassen uns diese Denkweise nicht nehmen. Der Ausdruck „der Beste zu sein" wird nie verwendet, um etwas Negatives auszudrücken. Das Beste ist immer gut und damit positiv. Ausdrücke wie „der beste Horror" sind in der Gesellschaft nicht mehr akzeptabel.

Wütend sein oder nicht wütend sein?

Warum werden wir wütend? Sind immer die Anderen schuld? Wieso lassen wir uns von ihnen wütend machen? Ist es vielleicht keine Wahl, wütend zu werden? Ist es großartig, sich aufzuregen? Ist Wut eine hohe Schwingenergie?

Wunderbare Menschen haben bereits gelernt, nichts zuzulassen, dass sie destabilisieren könnte. Wir haben dieses Wissen und deswegen gibt es keinen Grund mehr, sich zu ärgern. Es verkürzt das Leben, weil es die Herzenergien beeinflusst. Wir hatten jahrhundertelang keine Herzinfarkte. Jedes Verständnis und seine Anwendung haben eine Last von uns und unserer Gesellschaft genommen. Wir machen Fortschritte.

Wie lange können wir leben?

Wir sind sehr dankbar und privilegiert, Zugang zu diesem Wissen des Universums zu haben. Unser Körper und Geist sind lebendiger, weicher, flexibler und vor allem gesünder. Es sind nicht nur die Fortschritte bei der Gesundheitsversorgung, die uns bis zu einem Durchschnittsalter von 150 Jahren am Leben erhalten. Ja, Du hast richtig gelesen. Unsere Körper sind durchaus in der Lage, so lange zu leben. Ich frage: „Für was könntest Du die ganze zusätzliche Zeit gebrauchen?"

Was erreicht das volle Potenzial?

Es wurde verstanden, dass wir komplexe Wesen sind. Wir haben viele Dimensionen. Wenn wir nur ein paar entwickelten, würden wir uns unnötig einschränken. Wir können ja nicht erfolgreich sein, wenn wir nicht das gewünschte Maß an Perfektion in jeder Hinsicht erreichten.

Wir müssen wissen, wer wir sind. Erst wenn wir dies wissen, können wir weiterarbeiten, um unser volles Potenzial zu erreichen. Nur vollständig erleuchtete Wesen können sagen, dass sie ihr volles Potenzial erreicht haben. Das gilt auch nur im Physischen. Es gibt ein weiteres Universum im Jenseits.

Nachdem wir unser volles Potenzial im Physischen erreicht haben, verlassen wir es ein für alle Mal, um nie wieder zurückzukehren. Es ist wie beim Abitur

an einer Hochschule. Du bekommst Dein „Diplom" und kehrst nie wieder zurück. Es ist nicht nötig, zurückzugehen, um irgendwelche Lektionen zu wiederholen.

Du hast dem Universum bewiesen, dass Du es hundertprozentig richtig verstanden hast. Weniger kann es nicht sein. Es ist eine perfekte Kreation. Um voranzukommen, muss der Test namens Leben mit Auszeichnung bestanden werden. Nur wenn wir uns als würdig erweisen, können wir mit solch einer phänomenalen Leistung wie der Erleuchtung belohnt werden. Alles, das es wert ist in diesem Universum zu besitzen, ist kostenlos. Die größten Belohnungen sind völlig automatisch. Ist es wert, die beste Version Deiner selbst zu sein, die Du jemals sein kannst?

Zu merken von der Theorie der besten Version seiner selbst zu sein, die es geben kann

1. Um unser Bestes zu geben, müssen wir lernen, niemals von anderen Menschen negativ beeinflusst zu werden.

2. Unsere Körper haben unter idealen Bedingungen die Fähigkeit, bis zu 150 Jahre lang zu leben.

3. Unser volles Potenzial in der Welt auszuschöpfen bedeutet ein für alle Mal auf universelle Weise erleuchtet zu werden.

4. Alles, das ewigen universellen Wert hat, ist in diesem Universum völlig kostenlos.

5. Wir müssen alle unsere Fähigkeiten in jeder Hinsicht entwickeln, um die beste Version unserer selbst zu werden, die wir je sein können.

THEORIE 13

Die Theorie des positiven Beitrags

Vorfahren auf einer niedrigeren Frequenz

Wenn wir uns die Welt anschauen und sehen wie sie in der Vergangenheit war mit ihren Machtkämpfen, Allüren und Intrigen, können wir beginnen zu verstehen, dass die Schwingungen unserer Vorfahren auf einer niedrigeren Frequenz waren als die unsrigen. Als wir uns spirituell entwickelt haben, haben wir die Wünsche nach diesen negativen Dingen ausgelöscht. Wir arbeiteten bereits zusammen an unserem gemeinsamen Zielen, die beschrieben in den Theorien einer idealen Welt und der drei Musketiere beschrieben sind.

Der einzige Weg, in diesem Universum richtig zu leben ist den anderen Menschen so viel wie möglich Positives zu geben. Wenn wir einem helfen, werden wir belohnt, aber nur wenn wir allen helfen, werden wir in diesem Universum gedeihen. Ich rede nicht nur davon, den Menschen mehr Einkaufsmöglichkeiten oder mehr materielle Dinge zu geben. Besitztümer sind uns in der Welt wichtig, aber sie können nicht alles sein, wofür wir uns entscheiden zu leben. Wenn wir dauerhaft zum Wohlbefinden unserer Zeitgenossen beitragen wollen, können wir Gesetze ändern, um alle freier und glücklicher und sicherer zu machen. Unser Beitrag kann dauerhaft sein und auch die Form von nicht-physischer Hilfe, spiritueller Führung und Unterstützung annehmen.

Wie wäre es mit mir?

Was kann ich als Person in meiner Position tun, um den Zustand des ewigen Wohls zu erreichen? Wir alle verdienen eine Chance allen Anderen etwas Positives zu geben. Nur wenn wir das tun, können wir von unseren Aktionen für immer profitieren. Physisch und nicht-physisch sind in diesem Kontext gleich. Ich höre nicht auf, ich zu sein, weil ich schlafe oder weil mein Körper tot ist. Der Beweis ist, dass wenn ich aufwache, bin ich weiterhin auf der gleichen Ebene und ich tue die gleichen Dinge, egal ob sie gut oder nicht gut sind. Nur weil Du diese Welt verlässt, heißt dies noch lange nicht, dass Du ein Engel wirst. Du wirst Dich nicht verändern, es sei denn, Du entscheidest Dich dazu. Dies muss im Physischen geschehen.

Was ist der maximale Beitrag?

Ewige Belohnungen sind denen von uns vorbehalten, die so viel sie nur können geben, ohne eine Gegenleistung zu verlangen. Erinnerst Du Dich an die biblische Geschichte aus Markus 12:41-44, die von einer armen Witwe handelt, die zwei Münzen gab, obwohl sie keine mehr hatte wohingegen wohlhabende Leute zwar viel Geld gaben, aber nur einen winzigen Teil von dem, was sie besaßen? Was ist mehr, zwei Münzen, wenn Du nicht mehr hast oder 50 Millionen, wenn Du 500 Milliarden hast? Es ist nicht die Menge, die zählt, sondern der Anteil. Nicht viele Leute, die 500 Milliarden haben, würden 500 Milliarden für Nächstenliebe aufgeben, oder?

Früher lebten wir in einer etwas-für-etwas-Welt. Wir leben nicht mehr in der selben Welt. In dem Moment, in dem Du Deinen Beitrag zum Positiven änderst, wirst Du sowohl sofort als auch in Ewigkeit eine Belohnungen bekommen. Wie? Du wirst positive Frequenzen anziehen und sie werden in Deinem Körper gedeihen. Die ewigen nicht-physischen Konsequenzen werden automatisch folgen.

Wir haben die Wahl, für das Jetzt, für die Ewigkeit oder für beides zu leben. Es gibt kein richtig oder falsch. Wir sind wirklich frei. Unsere Lebensentscheidungen werden unser Ziel bestimmen, selbst nachdem der Körper gestorben ist. Was nun? Es ist einfach. Fangen wir an, unsere Angewohnheiten zu ändern, damit wir mit unserem Leben und Wirken nur positive Beiträge für diejenigen leisten können, die uns in Zukunft vielleicht treffen oder auf unsere Arbeit stoßen.

Zu merken von der Theorie des positiven Beitrags

1. Wir leben auf einer höheren Frequenz als die vorherigen Generationen.

2. Wir können in diesem Universum gedeihen, wenn wir anderen Menschen etwas Positives tun.

3. Wir können nicht nur für den materiellen Besitz leben.

4. Wir können entscheiden, den positivsten Beitrag zu leisten mit allem, was wir tun.

5. Du kannst Dich nur entscheiden, Dich zu ändern, während Du im Physischen bist.

THEORIE 14
Die Theorie der Verantwortung und der Konsequenzen

Positive oder negative Konsequenzen

Dies ist eine der bedeutendsten Theorien in diesem Buch. Hier geht es um das Gesetz von Aktion und Reaktion. Wenn ich zur Arbeit gehe, verdiene ich Geld. Wenn ich Müll auf die Straße werfe, bekomme ich möglicherweise eine Strafe. Je nachdem, was wir uns entscheiden zu tun, ist das Ergebnis entweder positiv oder negativ.

Manchmal scheint es so, als ob wir etwas Schlechtes tun und das Ergebnis positiv wäre. Stellen wir uns eine Person vor, die Dich dafür bezahlt, dass Du das Fenster eines Dritten zerbrichst. Es sieht so aus, als ob das Ergebnis positiv sei, weil Du Geld dafür bekommst. Allerdings hat deine Handlung eine Person verletzt, die das Fenster ersetzen muss. Deshalb muss dein nicht-physische Honorar negativ sein. Du kannst nicht etwas Negatives tun und eine positive Belohnung im Nicht-Physischen dafür erwarten.

Verantwortung

Die meisten Menschen auf der Erde sind sich ihrer vollen Verantwortung gegenüber sich selbst nicht bewusst. Um aufzuhören potenziell schwerwiegende Fehler zu machen, werden wir uns diese Sache genauer ansehen.

Manche Menschen streben danach, an die Spitze der gesellschaftlichen Hierarchie aufzusteigen. Was dazu gehört, um dorthin zu gelangen, ist nicht nur Prestige und materieller Wohlstand. Es hat auch schwerwiegende Folgen. Je besser Du jene behandelst, die von Dir abhängig sind, desto mehr wirst Du belohnt werden. Wenn Du eine Gruppe von Menschen beeinflusst oder sie von Dir abhängig sind, bist Du automatisch für ihr Wohlbefinden verantwortlich. Hier geht es darum, was wir tun oder nicht tun. Wenn meine Familie mich liebt, fühle ich mich großartig. Wenn sie mich hasst, fühle ich mich schrecklich. Diese Gefühle sind der Ausdruck von Energien.

Beiträge leisten

Einige Unternehmen haben bereits Bonussysteme eingeführt, um ihren Mitarbeitern ihren Dank auszudrücken. Es gibt andere Arten wie Du diejenigen motivieren kannst, die für Dich arbeiten. Auch wenn Du einen Service anbietest, verlassen sich Deine Kunden darauf, dass Du ihnen den besten Dienst leistest, den Du nur kannst.

Folgen

Die Folgen können positiv oder negativ sein. Sie sind, was wir aus ihnen machen.

Positiv

Wenn wir für Menschen verantwortlich sind und sie wegen uns aufblühen, ziehen wir positive Belohnungen im Jenseits an. Wir wissen, dass wir unserem Schöpfer im Moment unseres Todes gegenüberstehen werden. Wir müssten den Tod betrügen, um diesem Ereignis auszuweichen. Also sollten wir dem Universum einen Grund geben, uns dafür zu belohnen, wie wir unser Leben gelebt haben. Wusstest du, dass hundert Jahre nur 52.596.000 Minuten, inklusive der Schaltjahre sind? Nicht alle leben so lange. Wir können alles im Physischen zählen, aber das Nicht-Physische ist grenzenlos und unzählbar. Es wäre ratsam, unsere Zeit in unserem Körper so zu nutzen, um nur Gutes zu tun, damit das Universum uns immer belohnen kann. Wir müssen an der Entwicklung unseres spirituellen Bewusstseins bereits jetzt arbeiten, weil unsere Ewigkeit davon abhängt.

Negativ

Bist Du ein Elternteil? Hast Du Deine Kinder etwa verlassen? Wenn ja, kannst Du später einmal darüber nachdenken, ob Du sie jemals im Leben kontaktieren möchtest, um deine Gründe für diese Entscheidung zu erklären. Bist Du Chef in einem kleinen Unternehmen? Sind Deine Mitarbeiter überarbeitet oder unterbezahlt? Wenn ja, möchtest Du vielleicht Dein Unternehmen überdenken. Was werden sie wahrscheinlich ihr ganzes Leben lang und wenn sie sterben dem Schöpfer über Dich erzählen? Werden sie Dich loben oder kritisieren?

Gedanken, Worte, Taten und was wir nicht tun

Wie ich in der Theorie des Universums und seiner Tests bereits beschrieben habe, werden unsere Taten geprüft. Christen sündigen normalerweise auf vier verschiedene Weisen: in Gedanken, in Worten, in Taten und in dem, was sie nicht tun. Dieses Wissen wird im Westen seit Jahrtausenden weit verbreitet, aber nicht alle handeln danach. Es kann vorkommen, dass ein Mann sich dazu entscheidet, vor irgendeiner Art von Übel ein Auge zuzudrücken, weil er denkt, dass es das Beste sei. Wenn er dies tut, vergisst er, dass er nicht der Einzige ist, der zusieht. Das Universum selbst achtet darauf, was wir tun und wie wir auf Situationen reagieren. Also, wenn Du zum Beispiel eine schreckliche Situation abwenden könntest, aber Du tust es nicht, wirst Du eines Tages daran erinnert werden. Allerdings nicht um jeden Preis. Wenn Du selbst verletzt werden könntest, hast Du natürlich das Recht, Dich fernzuhalten.

Gedanken

Warum sind unsere Gedanken so wichtig? Die Antwort auf diese Frage ist einfach, weil alles mit einem Gedanken beginnt. Man behauptet, dass alles mit einem Wort begann, aber was geht einem Wort voraus? Wir müssen sehr genau auf unsere Gedanken, Wünsche und Neigungen achten, weil sie den Weg ebnen, den unsere Seelen gehen werden.

Wenn ich an eine intime Begegnung mit einer anderen Person denke und mir alles ganz genau vorstellen würde, so hätte ich meinen Partner mit meinen Gedanken betrogen. Dies kann sich in eine Gewohnheit verwandeln und welche Wirkung haben Gewohnheiten auf uns?

Wörter

Wir können unsere Familien und Freunde mit dem, was wir sagen oder nicht sagen, verletzen. Wenn ich schimpfe oder vergesse, mich zu entschuldigen, können sie verletzt seint. Wir müssen uns daran erinnern, wer wir sind und was wir wollen. Wir sollten daran denken, dass unsere Partner Menschen sind und dass wir Macht über sie haben, weil sie uns lieben. Niemand kann uns mehr verletzen als die, die wir am meisten lieben.

Dies gilt natürlich nicht nur für Partnerschaften. Es trifft auf jede Beziehung zu, u.a. auf der Arbeit, mit Freunden und auch mit Menschen auf der Straße oder in Geschäften. Welche Sprache wir verwenden, spielt auch eine Rolle. Sind wir es gewohnt, Höflichkeit zu sein? Wie zeigen wir uns gegenüber denen, die wir zum ersten Mal sehen? Welche Wörter benutzen wir? Welche Tonlage?

Taten

Wenn ich mir eine Begegnung mit einem anderen Menschen erlauben würde, während mein Partner beschäftigt ist, würde ich ihn oder sie in der Tat betrügen. Wenn ich es mit meinem Körper mache, bedeutet es, dass ich es in meinen Gedanken bereits getan haben muss. Selbst wenn es eine spontane Entscheidung wäre, würde ich dazu in meinem Kopf zuerst die Zustimmung dazu geben, bevor ich es tue. Wenn es erst einmal getan ist, kann es unmöglich rückgängig gemacht werden. Gleiches gilt für die Konsequenzen. Es ist so viel einfacher, falsche Handlungen zu verhindern als sie rückgängig zu machen. Wenn wir ein Unrecht stoppen, haben wir eine gute Tat begangen. Aber wenn wir dem Unrecht den Weg ebnen, haben wir gegen die Schöpfung verstoßen. Das ist ein Beispiel dessen, was wir mit unseren Taten tun können.

Was wir nicht getan haben

Wenn ich eine böse Tat hätte verhindern können, aber mich aus irgendwelchen Gründen entschieden hätte, mich nicht einzumischen, dann würde ich die Konsequenzen tragen müssen, die damit verbunden sind, dass ich etwas nicht getan habe. Natürlich könnten die körperlichen Konsequenzen angenehm sein oder vielleicht gar nicht bemerkt werden, aber die nicht-physischen Konsequenzen werden erst im richtigen Moment spürbar werden.

Die Schwingung meiner Seele lässt mir nichts anderes widerfahren, außer dem, was ich zu recht verdiene.

Leben in der 24 Stunden Perspektive

Ich möchte, dass Du Dir vorstellst, was Du tun würdest, wenn Du wüsstest, dass Du nur noch 24 Stunden zu leben hättest. Wen würdest Du anrufen oder besuchen? Was würdest Du ihnen sagen? Wie viele würden es sein? Du weißt, dass Du nichts zu verlieren hast. Du kannst Dich versöhnen. Deine Zeit ist fast abgelaufen und es gibt nichts Wichtigeres zu tun als mit gutem Gewissen abreisen.

Kehren wir nun zur Realität zurück. Du hast mehr als 24 Stunden, aber worauf wartest du? Manche Menschen verlassen diese Welt ohne 24-stündige Vorankündigung! Erledige es jetzt! Entschuldige Dich falls es notwendig sein sollte, begleiche Deine Schulden, versöhne Dich! Du wirst es nicht bereuen. Auf diese Weise befreien wir uns von Lasten.

Was ist Sünde?

Eine Sünde ist jede Übertretung universeller Gesetze. Es ist nicht nur eine vorsätzliche und bekannte Übertretung, sondern auch eine zufällige oder unbekannte Übertretung. Es funktioniert wie die Gesetze in jedem Land. Wenn Du etwas tust, das nicht legal ist, kannst Du gesetzlich bestraft werden. Es ist dabei egal, ob Du wusstest, dass es illegal war oder nicht. Beim Universum wird das Wort „kannst" jedoch durch „wirst sein" ersetzt. Wenn Du nicht körperlich gefangen bist, bist Du vielleicht noch nicht haftbar, aber Du wirst immer im Nicht-Physischen gefangen sein. Da können wir nicht mit etwas Schlechtem ohne Bestrafung davonkommen.

Die Sünde ist real. Sie hat Auswirkungen auf unsere Seele, weil sie auf der Seele eine Prägung hinterlässt. Seelen ohne Sünden sind leicht und rein. Seelen, die Verbrechen begehen, werden schwer. Der

Schöpfer hat dies so entscheiden. Es gibt einen großen Unterschied zwischen zwei Personen, die nebeneinander im Physischen stehen. Nicht jeder sieht in sie hinein. Einer von ihnen kann vielleicht reinherzig sein und der andere genau das Gegenteil.

Diejenigen, die die nicht-physischen Folgen unserer physischen Handlungen verstehen und beschließen sich entsprechend zu verhalten, werden in dieser Schöpfung immer gedeihen.

Wie sieht es mit Kindern aus?

Wenn wir Kinder haben, sind wir logischerweise für sie verantwortlich. Wir müssen ihnen zu Essen geben, uns um sie kümmern, und ihnen hoffentlich einen Grund geben eines Tages zu sagen, dass sie die beste Mutter oder den besten Vater hatten, den sie sich jemals gewünscht haben. Wir müssen das tun, was ihnen hilft zu den phänomenalsten Menschen zu werden, die sie je sein könnten. Wir müssen sie lehren, so zu denken und zu handeln, dass sie für ihre Zukunft ausgerüstet sind.

Führung

Es wäre klug, diese Theorie in unser Leben als Führungskraft zu integrieren. Es gilt für Unternehmen, Regierungen und alle anderen Institutionen, die sich in ihrer Arbeit mit den Seelen des Universums in ihrem physischen Körper befassen. In dem Moment, in dem sie unter Deiner Führung gedeihen, wirst Du als Anführer, belohnt. Die Folgen werden eines Tages gut sein.

Letzter Gedanke

Lernen wir die Gesetze des Universums kennen und zu befolgen, damit die ewigen nicht-physischen Folgen unserer physischen Aktionen immer positiv bleiben werden.

Zu merken von der Theorie der Verantwortung und der Konsequenzen

1. Wir wollen uns bewusst sein, dass Gedanken, Worte, was wir tun und was wir nicht tun, sich auf unsere ewige Existenz auswirkt.

2. Wir sind dafür verantwortlich, wie wir uns fühlen und welche Gefühle wir in Anderen auslösen.

3. Sünden prägen sich in unsere Seelen ein und machen sie schwer.

4. Es ist so viel einfacher, Übertretungen zu verhindern, als sie rückgängig machen.

5. Führungskräfte haben eine größere Aufgabe als die meisten Menschen, weil sie verantwortlich für ihr eigenes ewiges Wohlergehen als auch für jede einzelne Person, die von ihrer Führung betroffen ist, sind.

THEORIE 15
Die Theorie dessen, was uns ausmacht

Wie war es in der Vergangenheit?

Wie viele von uns lebten früher für Status, Geld, Ruhm oder materielle Dinge? Wir wissen bereits, dass sie alle nicht von Dauer sein werden. Für sie zu leben, scheint unzureichend. Warum würde ich für etwas leben, das schön, aber nicht dauerhaft ist?

Anregungen zum Nachdenken

Konzentrieren wir uns auf unsere Gedanken. Sind sie real? Sind sie unsere Kreationen? Sind sie sichtbar? Deine Antworten auf diese Fragen geben uns alle Hinweise, die man haben möchte. Unsere Gedanken sind echt und gehören uns, aber sie sind unsichtbar. Wie wäre es mit Liebe, Freundschaft, Bindung oder Verlangen? Sind diese Empfindungen echt, unsere und sichtbar? Auch hier können wir nur zustimmen, dass sie alle zwar real sind und uns gehören, aber nicht sichtbar sind. Ich möchte nicht darüber sprechen, wie sie gezeigt werden. Das kann gesehen oder wahrgenommen werden.

Leben für das Physische?

Viele von uns schauen nur auf unsere körperlichen Errungenschaften und glauben, dass sie uns definierten. Wie können wir durch das Physische definiert werden, wenn wir nicht physisch sind? Dies hängt von unserem Fokus ab. In dem Moment, in dem wir uns nur um materielle Dinge kümmern, können wir uns dafür entscheiden, für sie zu leben. Ruhm zum Beispiel ist jedoch eine nicht-physische Errungenschaft. Ich weiß, wer Du bist oder was Du tust, und ich mag Dich dafür. Wenn Leute Dein Gesicht auf der Straße erkennen, dann erkennen sie deine körperliche Erscheinung. Der Ruhm kann nicht allein die Straße heruntergehen, oder? Er braucht einen Körper. Und trotzdem sind wir so viel mehr als unsere Unternehmungen, Geschäfte oder Arbeitsplätze.

Lohnt es sich, für das Physische zu leben? Hast Du die Menschen gesehen, die nach oben schossen und Geld oder Ruhm hatten, aber immer noch unzufrieden waren? Sie haben vielleicht nach mehr gesucht. Leider gibt es so wenig Verständnis auf der Welt, dass sogar Psychoanalytiker sie nur besänftigen können anstatt das geistige Vakuum in ihren Seelen auszufüllen.

Leben für die Ewigkeit?

Die Bewussteren unter uns leben für ewige Errungenschaften. Sie konzentrieren sich auf das, was sie im Nicht-Physischen werden, weil sie verstehen, worum es im Leben geht. Warum sollte ich mich nur auf ein Leben konzentrieren, wenn ich etwas für alle Ewigkeit sein oder haben kann? Was sind diese ewigen Werte? Moral, Integrität, Freundlichkeit, Empathie, Liebe, Verständnis, Mitgefühl, Bereitschaft und Hilfsbereitschaft sind nur einige Tugenden, die wir mit uns auf unsere ewige Reise mitnehmen.

Was macht uns aus?

Ist es unsere Karriere oder unsere körperlichen Errungenschaften? Ist es unser Körper? Ist es unsere Familie? Wenn nicht, was ist es dann? Finden wir es heraus, indem wir die folgenden Fragen beantworten. Wie behandle ich andere Menschen? Was denke ich über sie? Wie reagiere ich auf sie? Wie reagiere ich auf mich selbst? Wie gehe ich an die Sache heran? Unsere Antworten auf diese Fragen sollten uns eine sehr gute Vorstellung von unserem aktuellen Seins-Niveau geben. Nichts anderes definiert uns besser, als wie wir handeln oder reagieren und kommunizieren. Wir präsentieren uns nicht nur so, wir sind wirklich so.

Selbstbestimmung

Die ehrliche Beantwortung dieser Fragen kann mir zeigen, wer ich wirklich bin. Dies wiederum bestimmt, wohin ich in diesem Universum gehen werde. Niemand kann diese Arbeit für mich erledigen. Deshalb heißt es Selbstbestimmung. Ich kann mir viele Arbeitsplätze und Kurse vorstellen, die in Zukunft entstehen werden, um uns dabei zu helfen.

Persönliche Entwicklung kommt dem, was wir hier diskutieren, am nächsten. Der große Unterschied ist, dass sie normalerweise für unsere sozialen Errungenschaften oder körperlichen und materiellen Bedürfnisse maßgeschneidert ist.

Wo ist der Beweis?

Verständlicherweise muss man an solche Dinge glauben wie nicht-physisches und ewiges Wohlbefinden, um überhaupt damit irgendetwas anfangen zu können. Wir müssen bereit sein anzuerkennen, dass das Nicht-Physische einen permanenten Einfluss auf uns hat. Dies kann ich Dir anhand von zwei Beispielen erklären.

Erstens, glaubst Du an die Existenz der Schwerkraft? Natürlich kann die Schwerkraft weder gesehen, gerochen, berührt oder gehört werden, aber Du bist trotzdem unter ihrem Einfluss, nicht wahr? Du kannst doch nicht fliegen, oder?

Zweitens, glaubst Du an menschengemachte Gesetze? Du darfst Dich auf eine Art verhalten, aber nicht auf eine andere. Ich bin mir sicher, dass Du in Deinem Kopf „Ja" gesagt hast. Dann weißt Du auch, dass falls Du etwas Ungesetzliches tust, Du dafür verhaftet und angeklagt werden könntest, richtig? Es lohnt sich kaum zu versuchen, dies auszutesten, um zu sehen, ob die Gesetze wirklich existieren und angewandt werden.

Wir können aus diesen beiden Beispielen ersehen, dass viele Dinge auf dieser Welt zwar existieren, aber dennoch unsichtbar oder nicht-physisch sind. Sie beeinflussen uns trotzdem. Daraus können wir schließen, dass unsere Seelen, die unsichtbar sind, auch durch genaue Gesetze geregelt werden. Da dies eine perfekte Kreation ist, müssen sie auf allen Ebenen und für alle arbeiten.

Wenn Du Dich entscheiden könntest, Deine Seele an einen Ort ewigen Wohlbefindens oder ewiger Entbehrung zu bringen, wo würdest Du sie bewusst hingeben? Warum?

Zuletzt

Wir sind nicht unsere Häuser, Geschäfte, Autos oder Karrieren. Wir sind so viel mehr. Nur unsere nicht-physischen Errungenschaften definieren dauerhaft, wer wir sind. Alles andere, was wir besitzen, wird von uns genommen werden, weil es nur unser irdischer Besitz ist.

Zu merken von der Theorie dessen, was uns ausmacht

1. Wer wir sind, sieht man nur von innen, aber unsere Identität wird nach außen gezeigt.

2. Der Unterschied zwischen sichtbaren und nicht sichtbaren Errungenschaften ist, dass die ersteren körperlich und vergänglich sind, während die letzteren nicht-physisch und ewig sind.

3. Wir sind nicht unsere Häuser, Geschäfte, Autos oder Karrieren. Wir sind die Summe aller unserer nicht-physischen Leistungen.

THEORIE 16

Die Theorie der spirituellen Hierarchie

Wer ist weiter entwickelt?

In dieser Schöpfung gibt es viele Seelen sowohl innerhalb als auch außerhalb menschlicher Körper. Einige von ihnen sind mehr entwickelt als andere. Sie kennen sich auf spirituellen Wegen aus, weil sie die Schöpfung verstanden haben. Sie wenden ewige Gesetze richtig an, sehen klar und deutlich, worum es im Leben geht und haben die richtigen Neigungen.

Diese fortgeschritteneren Seelen, ob sie nun im Physischen oder nicht leben, sind immer gut und positiv. Sie existieren, um zu geben, zu unterstützen, beizutragen, zu entwickeln, zu helfen, um anzuleiten, zu wachsen, zu bereichern, zu erfüllen, zu verbessern, um hinzuzufügen, zu erhöhen und um sich zu vermehren. Sie lassen das Universum wachsen. Dies ist der Grund, warum es immer noch expandiert.

Wer muss mehr lernen?

Auf der anderen Seite gibt es die fortschreitenden Seelen, deren Wünsche immer noch darin bestehen können, Vorteile zu haben, andere herabzusetzen, sie zu dominieren, ihnen etwas wegzunehmen, sie zu behindern, zu zerstören, sie auszunutzen, zu missbrauchen, auszubeuten und zu erpressen. Diese Wesen brauchen die meiste Führung und Unterstützung. Sie müssen noch mehr lernen, bevor sie es verdient haben, auf eine höhere spirituelle Ebene aufzusteigen.

Ebenen im Universum

Es gibt Milliarden von Ebenen. Die höchsten sind von diejenigen bevölkert, die dem Schöpfer am nächsten sind, weil sie alle Lektionen des Daseins bereits gemeistert haben. Sie genießen alle damit verbundenen Vorteile. Sie würden nie gegen ewige Gesetze verstoßen, weil sie wissen, dass sie geistig durch solche Aktionen erniedrigt würden.

Die Ebenen sind streng hierarchisch aufgebaut. Niemand kann betrügen oder lügen. Dein Wesen bestimmt für Dich, wohin Du gehörst. Du bist das, was Du innerlich bist. Das Äußere spielt keine Rolle. Du kannst nicht aufsteigen, ohne es verdient zu haben. Es ist unmöglich, einen Aufstieg zu erzwingen. Aggressive Seelen können nicht im Himmel landen. Der einzige Weg dorthin ist der Weg der Selbstverbesserung. Kein Außenstehender kann Dich beeinflussen, es sei denn Du entscheidest Dich dafür, diesen Einfluß anzunehmen.

Woher weiß ich, wo ich hingehe?

Wenn Du irgendwelche Zweifel hast, brauchst Du nur auf Deine Neigungen und Wünsche oder auf das, was Du tust, zu schauen. So wirst Du erkennen können, welcher Ebene Du am nächsten bist.

Wir wissen, dass niemand außer uns unsere ewige Reise bestimmen kann. Die Gefahr besteht darin, dass wir uns dafür entscheiden könnten, von anderen Menschen negativ beeinflusst zu werden. Sollte dies der Fall sein, können wir uns zu einem niedrigeren Ort im Universum bewegen. Wie kann das passieren? Zum Beispiel, Du kannst es Deinem Ehepartner erlauben, Dich zu überzeugen, einem Bettler kein Geld zu geben, obwohl Du das Gefühl hast, dass es das Richtige wäre, ihm etwas zu geben.

Die andere Gefahr, der wir uns bewusst sein müssen, sind unsere Schwächen, die uns auch negativ beeinflussen können. Wütend zu werden und unser Verhalten nicht kontrollieren zu können sind nur zwei Beispiele.

Sei weise bei der Wahl

Wir haben immer eine Wahl. Wenn wir bereitwillig etwas zustimmen, das uns auf ewig schadet, können wir in der spirituellen Hierarchie nicht aufsteigen.

Jeder kann sich dafür entscheiden „Ja" nur zum Gutem zu sagen. Dies ist in jeder Hinsicht und auf allen Ebenen erhebend. Wenn Du das Gegenteil tust, kann es Dir schaden. Was ist der sicherste Weg mir selbst zu schaden? Schade allen anderen. Lies die Spiegeltheorie, um mehr zu diesem Thema zu erfahren. Schließlich werden wir die Vorteile, die wir im Physischen haben, nur für ein paar Jahrzehnte genießen. Im Gegensatz dazu werden wir im Nicht-Physischen für den Rest der Ewigkeit bleiben. Es mag einige Ausnahme, d. h. ein paar Lebenszeiten hier und dort geben, wenn Du an Reinkarnation glaubst.

Meine liebe Freundin Sue fragte mich eines Tages, ob wir sieben Mal ins Physische zurückkommen. Ich antwortete mit einer Frage. Denkst Du, dass wir in 7 Leben alles lernen können, was die Welt zu bieten hat? Können wir Erfahrung mit all den Jobs, Beziehungen, Umständen und allem, was die Welt zu bieten hat, in 700 Jahren sammeln, vorausgesetzt, dass wir jedes Mal einhundert Jahre lang leben? Es scheint höchst unwahrscheinlich. Vielleicht müssen wir sehr viele Male auf diese Erde zurückkommen.

Aufsteigen lernen

Niemand wird Dich verurteilen, wenn Du lernst, die spirituelle Leiter zu erklimmen. Wer es besser weiß, kann nur danach streben, Dir zu helfen und Dich zu unterstützen. Diejenigen, die weniger wissen als Du könnten möglicherweise versuchen, Dich davon abzuhalten, wobei sie ihre Kulturen, Überzeugungen oder andere Einflüsse als Ausrede verwenden. Halte Dich fern von denen, die sich wenig um Deine ewigen Neigungen kümmern und konzentriere Dich auf Dich selbst.

Gelegentlich kann es schwierig sein, weil Du vielleicht Deine ganze Familie gegen Dich hast. In solchen Extremfällen behalte Deine Integrität und teile nichts mit ihnen. Sie können niedrigere Ebenen für ihre Seelen wählen, wenn sie es wollen. Du hast jedes Recht den höchsten Teil des Universums zu erreichen, wenn Du Dich dafür entscheidest und tust, was nötig ist, um dort zu gelangen.

Zu merken von der Theorie der spirituellen Hierarchie

1. Es gibt viele spirituelle Ebenen.

2. Du allein entscheidest, welche Stufe Du anstreben.

3. Niemand kann für Dich auf Deiner spirituellen Leiter auf- oder absteigen. Nur Du kannst dies.

4. Wir dürfen uns niemals von anderen dazu verleiten lassen, etwas zu tun, was uns auf ewige Weise zurückfallen lassen würde.

THEORIE 17

Die Theorie von Himmel und Hölle

Ist der Himmel langweilig?

Wenn ich dieses Thema mit meinen Zeitgenossen diskutierte, bemerke ich, dass viele von uns unter dem Einfluss von falschen Überzeugungen stehen. Sie denken, dass es langweilig sei, im Himmel zu sein. Sie würden lieber in die Hölle gehen, weil sie denken, dass es ein Ort ist, wo sie viel Spaß haben können. Dieser Mangel an Verständnis ist nicht überraschend, weil viele von uns in geistigerer Dunkelheit leben. Dies muss grundlegend geändert werden, wenn wir in dieser Ewigkeit vorankommen wollen. Wenn Du nicht darauf achtest, wohin Du gehst, dann macht es keinen Sinn zu versuchen, Dich davon zu überzeugen, dass Du an einen besseren Ort gehen könntest.

Wenn der Himmel ein langweiliger Ort wäre, wäre das Universum und alles auf der Erde auch langweilig und uninteressant. Hat der Schöpfer es so eingerichtet, dass wir verletzt werden oder leiden? Wenn er dies getan hätte, dann gäbe es hier nur Unglück und die Menschheit würde sich fortwährend schrecklich fühlen. Ist dies der Fall? Als ich das letzte Mal nachgesehen habe, war der Planet so friedlich wie möglich. Er trug uns ruhig und wartete darauf, dass wir uns weiter entwickeln. Würdest Du gerne in einer Welt leben, die ein öder Ort ist? Wie sollten wir denn dann leben? Schaffen wir unser Glück nicht gerade im Jetzt?

Schau Dir diese Schöpfung an!

Schauen wir uns unseren Planeten an. Beobachten wir den blauen Himmel und die Meere. Sehen wir uns die üppige Vegetation an! Betrachten wir die Ökosysteme und die sich immer ändernden Jahreszeiten. Betrachten wir die Perfektion von allem. Denkst Du, das alles könnte von der Hölle erschaffen worden sein? Wenn dem so wäre, wäre es so angenehm und erhebend? Auch unsere Körper wurden erschaffen, um uns so viel Spaß, Freiheit und Freude wie möglich zu bereiten. Warum ist dies so?

Schauen wir uns die Vögel und ihre Federn an, die wunderschön und bunt sind. Schauen wir uns die Formen und Größen aller Fische an oder die Vielfalt der Bäume. Wenn wir uns die Vielzahl der Kombinationen, Variationen und Unterschiede ansehen, und werden wir erkennen, dass dieses Universum alles andere als negativ ist. All diese Schönheit wurde von dem phantasievollsten und phänomenalsten Super-Wesen geschaffen. Du kannst es Mutter Natur nennen, wenn Du möchtest.

Herrlicher Himmel

Es ist sinnvoll anzunehmen, dass das Universum tatsächlich durch den Himmel, der der herrlichste Ort in diesem Universum ist, erschaffen wurde. Die dortige Existenz ist voller schöner Empfindungen, wunderbarer Erfahrungen, erstaunlicher Wesen, Anmut, Intelligenz, Verständnis, Unterstützung, Moral, Integrität und alle anderen Tugenden, die es gibt. In der Tat kann man unmöglich an einen besseren Ort gehen wollen, energetisch oder auf andere Weise.

Wie wird die Hölle wahrscheinlich aussehen?

Glaubst Du, dass die Hölle farbenfroh, friedlich, voller Wohlbefinden und Anmut sei? Machen es Deine Antworten auf diese Fragen nicht klar? Würde jemand wirklich bewusst entscheiden, dorthin zu gehen, um dort zu verweilen? Kann das Leben an einem solchen Ort gut sein?

Um eine Vorstellung davon zu gewinnen, wie die Hölle aussieht, hätte ich mein Haus verlassen müssen, um in einer Höhle zu leben. Ich müsste aufhören köstliche frische Lebensmittel zu mir zu nehmen und anfangen mich stattdessen mit Wurzeln zu ernähren. So könnte mir eine Vorstellung davon verschaffen, wie es sich anfühlt, in dem schöneren Teil des Universums zu leben.

Machen wir uns nichts vor – die Hölle kann mit Sicherheit kein schöner Ort sein. Es ist dabei egal, ob er sich auf nicht-physisch oder physischer Ebene manifestiert. Ich fühlte die Energien davon nur für ein paar Sekunden, als mir die Wahrheiten über das Universum gezeigt wurden. Es war entsetzlich, sie zu spüren, auch wenn es nur für kurze Zeit war. Ich würde alles tun, um keinen einzigen Augenblick dort bleiben zu müssen, geschweige denn Jahrtausende oder Milliarden an Jahren. Was könnte die Hölle einer Seele antun? Wer würde nach dem Tod in die Hölle gehen wollen? Warum sollte ich mich in dieser Welt verwöhnen und mich nach dem Tod genau dem Gegenteil aussetzen? Zu unserem eigenen Wohl sollten wir uns bewusst machen, wie das Universum funktioniert.

Kollegen in der Hölle

Einige von uns denken vielleicht: „Andere Menschen tun dasselbe wie ich auf dieser Welt. Ich bin ja nicht der Einzige, der in die Hölle kommt. So schlimm kann es nicht sein. Zumindest werde ich dort nicht allein sein." Die Konformität der Menschheit kann eine schreckliche Sache sein. Während manche Menschen sich gerne von anderen unterscheiden, würden die meisten von uns nie etwas tun wollen, was andere nicht tun. Hier gibt es einen Haken. Es ist eine Sache, andere Menschen leiden zu sehen, aber sich selbst weh zu tun, ist eine ganz andere Sache, vor allem wenn es nicht sein muss! Warum würde jemand den harten Teil der Existenz wählen und nicht das Beste? Ist es vielleicht nicht allgemein bekannt, dass Jeder das ernten wird, was er/sie gesät hat?

Kann jemand an einen schlechten Ort gehen und eine gute Zeit verbringen?

„Nein!" ist die einzig logische Antwort, es sei denn, dieser Mensch ist schlecht. Aber machen wir uns nichts vor: auch Menschen mit negativen Neigungen streben nach den besten Plätzen. Das Universum will, dass wir das Beste begehren. Wer will das Schlimmste? In dieser Schöpfung gibt es kaum jemanden, der sich bewusst dafür entscheiden würde, an einen schlechten Ort zu gehen. Es gibt keine Zufälle. Alles, dass geschieht, hat seinen Grund.

Die beste Beratung

Erinnern wir uns daran, dass es unsere Entscheidung ist, ob wir in den Himmel aufsteigen oder in die Hölle hinabsteigen. Ist es nicht wunderbar, dies zu wissen? Ist es nicht wichtig, dass wir für so unglaublich wichtige Dinge selbst verantwortlich sind? Fühle Dich frei, zu meiner Theorie über Auswahlmöglichkeiten und Entscheidungen zu gehen, um mehr über dieses Thema zu erfahren. Was betrachtet wird, wenn wir diese Welt verlassen, wurde in Theorie des Universums und seiner Tests erklärt.

Wo gehöre ich hin? Wohin werde ich völlig automatisch gehen? Denke daran, dass sobald Du Deinen Körper verlassen hast, Du nur Energie bist. Wir werden auf genau das Niveau steigen oder fallen, das uns im Nicht-physischen zusteht. Es gibt kein Schummeln, keine Lügen oder mildernde Umstände. Wir steigen auf, wenn wir reiner sind, und fallen, wenn wir schwerer sind. Rein bedeutet positiv oder gut; schwer bedeutet negativ oder böse. Lasst uns weise wählen, wie wir leben, damit wir die ganze Existenz genießen können und nicht nur ein Leben lang.

Das Christentum besagt, dass jeder sein Kreuz zu tragen hat. Es ist unser Los, ob wir viele und schwere oder wenige und leichte Kreuze zu tragen haben. Sobald wir sie alle losgeworden sind, werden wir vollständig frei von Lasten sein und das Licht des Universums wird durch uns dauerhaft scheinen. Dies wird als Erleuchtung bezeichnet. Ich habe das Licht des Schöpfers in mir gespürt. Die Erleuchtung ist real! Wir sind so viel mehr als wir wissen! Es gibt sehr wenige erleuchtete Wesen im Physischen, aber viele im Nicht-physischen. Dies sind die reinsten, besten und reifsten Wesen, die existieren.

Glaubst du, Du kannst in den Himmel kommen?

Wenn ja, dann lass uns zusammen dorthin gehen, wenn der richtige Zeitpunkt gekommen ist. Da wir die freie Wahl haben, können wir bedenkenlos tun, was notwendig ist, um eines Tages dorthin zu gelangen, da wir wissen, dass es unvermeidlich ist, diese Erde zu verlassen und dass sich unser Ableben mit jeder Sekunde nähert. Wir dürfen unsere Zeit nicht verschwenden. Wir können es uns nicht leisten. Es ist Zeit unseren Glauben zu ändern.

Zu merken von der Theorie von Himmel und Hölle

1. Es gibt einen Himmel und es gibt eine Hölle.

2. Der Himmel hat alles, was es auf der Welt gibt, geschaffen und ist dafür verantwortlich.

3. Wenn es Dir egal ist, wohin Du gehst, dann macht es keinen Sinn, zu versuchen Dich davon zu überzeugen, dass Du an einen besseren Ort gehen könntest.

4. Es ist höchste Zeit, dass wir uns Gedanken darüber machen, wohin wir gehen.

5. Du entscheidest mit Deinem ganzen Leben, wo Deine Seele hingehört und sie wird automatisch dorthin gehen, wenn Du das Physische verlässt.

THEORIE 18
Die Theorie darüber, wem die Welt gehört

Kann ich eine Torte backen?

Wir sagen oft, wenn wir einen Kuchen backen, dass es unsere Kreation ist. Lass uns ein Gespräch lesen, das dieses am besten demonstriert, ok?

„Ich habe einen Kuchen gebacken. Ich kenne alle Zutaten, die ich dazu brauche und wo sie her kommen."

„Wirklich? Wie hast Du das Mehl gemacht?"

„Nein, ich habe es gekauft."

„Nein, meine Frage bezieht sich darauf, wie Du es erstellt hast."

„Ah, ich verstehe Dich. Ich habe die Weizensamen gesät und dann den reifen Weizen geerntet, den ich zu Mehl gemahlen habe."

„Du hast mich nicht verstanden. Ich würde gerne wissen, wie Du den ersten Samen gemacht hast."

„Ich kann Dir nicht widersprechen. Ich habe nur solche Zutaten verwendet, die bereits verfügbar waren."

„Genau. Du benutzt die Zutaten, aber Du bist nicht ihr Schöpfer. Selbst diejenigen, die sagen, dass sie Gentechnik verwenden, können nicht behaupten, dass sie etwas aus nichts erschaffen hätten."

Wenn wir einen Kuchen backen, wissen wir, welche Zutaten wir verwenden und manchmal auch, woher sie kommen. Wir können sagen, dass es unser Kuchen sei, weil wir ihn geschaffen haben. Trotzdem haben wir die Eier, das Mehl, die Milch, den Zucker oder die Butter nicht selbst gemacht. Sie kommen aus der Quelle, die alles erschaffen hat, das existiert.

Ihre Welt, wirklich?

Jahrtausendelang benahmen sich die Menschen als ob diese Welt ihnen gehörte. Mit diesem Glauben bekundeten sie ihren Mangel an universellem Bewusstsein. Sie lebten, um ihre Physischen Bedürfnisse zu befriedigen, wobei das Nicht-Physische ignoriert wurde.

Die Erde ist ein Hotel und wir sind seine „Gäste" |

Wie würdest Du Dich in einem Hotel verhalten, in dem Du eine Woche übernachtest? Würdest Du das Personal missbrauchen, die Betten verbrennen, die Fenster zerbrechen und alle Fische im Aquarium töten? Wie benutzen wir das, was uns nicht gehört? Ist die Erde unser Planet? Wie kann dies sein? Haben wir sie geschaffen? Kann ich ein Hotel, in dem ich für eine kurze Zeit lebe, mein eigen nennen?

Diese Welt wurde eindeutig nicht von uns gemacht, noch gehört sie uns Menschen. Sie wurde für uns erstellt und uns kostenlos zur Verfügung gestellt. Je früher wir dies erkennen, desto besser für uns, denn aus diesem Verhältnis ergeben sich Konsequenzen für unser Verhalten.

Wenn wir diese unbezahlbaren materiellen Dinge tatsächlich nur mieten, warum behandeln wir sie nicht angemessen? Wir wissen doch, dass wir dafür bezahlen müssen, wenn wir das Hotelzimmer, in dem wir uns aufhalten, zerstören, oder?

Warum dachten wir, dass es keinen Preis, für das was wir allen lebenden Organismen angetan haben, zu zahlen gäbe? Lohnt es sich, es nur für wenige Jahrzehnte zu tun? Wie lange werden wir im Nicht-Physischen brauchen, für alles, was wir im Physischen falsch gemacht haben, zu bezahlen? Werden es Millionen oder Milliarden an Jahren sein, oder noch mehr?

Wem gehört die Erde?

Wir können daraus schließen, dass dieser Planet wirklich dem Schöpfer gehört. Er allein ist ihr Besitzer. Auch wir gehören ihm. Wenn er uns nicht frei gemacht hätte, wären wir nur das, was er für uns erwählt hätte. Macht dies Sinn? Wenn ich zu der Erkenntnis gekommen bin, dass ich hier nur „Mieter" oder „Gast" bin, kann ich meine Einstellungen und mein Verhalten gegenüber all dem, was mich umgibt, dementsprechend anpassen. Diese Art von Verständnis wird mir irgendwann zugute kommen.

Überraschung!

Du bist vielleicht überrascht zu lesen, dass Dein Haus überhaupt nicht Dir gehört. Du verwendest es nur, während Du Dich im Physischen befindest. Deine Ländereien gehören auch nicht Dir, da sie irgendwann an jemand anderen weitergereicht werden. Wenn wir näher darüber nachdenken, besitzen wir eigentlich gar nichts. Alles, was wir haben, ist nur geliehen. Nichts wird ewig bei uns bleiben. Sogar Dinge, die wir gekauft haben, werden ohne uns zu fragen weggenommen. Wie? Wenn wir diese Welt verlassen. Was will uns das Universum damit wohl sagen?

Wir entscheiden wirklich nicht über die Dinge in dieser Schöpfung. Wir sind dafür viel zu unwichtig. Wir können den Schöpfer nicht herausfordern. Wir können seine ewigen Gesetze nicht ändern.

Du wirst nicht einmal um Erlaubnis gefragt

Wenn der Himmel entscheidet, dass es Zeit für Dich ist, diesen Planeten zu verlassen, wirst Du nicht einmal gefragt. Glaubst du, dass der Omnipotente Dich um Erlaubnis bitten wird, Dich aus deinem Körper herauszunehmen? Nein, Du wirst genauso gehorsam gehen wie alle anderen seit Beginn aller Zeit.

Ist Dir aufgefallen, dass die Reichen und die Armen auf die gleichen Weise vergehen? Warum ist das so? Warum befolgen wir die Gesetze des Universums unabhängig von unserem sozialen Status oder unserer materiellen Umstände? Lasst uns lernen, wer wir sind und was wir tun oder nicht tun dürfen. Jetzt ist die perfekte Zeit dafür.

Können wir schummeln?

Hat jemand jemals versucht, nicht zu sterben? Wie können wir den Schöpfer betrügen? Das ist nicht einfach, oder? Wird mich das Einfrieren meines Körpers unsterblich machen? Muss er in Formaldehyd gelegt werden? Ist Mumifizierung die beste Option für mich, um mich für meine Urenkel zu aufzubewahren? Werden sie mein Lächeln mögen, wenn sie meinen Körper nach vielen Jahrzehnten erblicken?

Wir werden belastet

Möchte ich, dass der Vermieter mir alle Schäden in Rechnung stellt, die ich seinem Eigentum zugefügt habe? Werde ich für die

87

Ausbeutung seiner Menschen und das Töten seiner Tiere belohnt werden? Was wird er wohl darüber sagen, dass ich seine Wälder zerstört habe? Was wird der Vermieter als Entschädigung verlangen? Vielleicht alles, was ich im Physischen angesammelt habe? Natürlich nimmt er sowieso alles automatisch weg. Das Körperliche wird eines Tages keine Rolle mehr spielen, wenn ich nicht mehr da bin. Was dann? Wie viel? Wird es aus meiner Seele genommen?

Schlussbemerkungen

Die Erde ist nicht unser Planet. Sie ist es nie gewesen und wird es auch nie sein. Es ist Zeit, dass wir anfangen, sie so zu behandeln, bevor ihr wirklicher Besitzer uns für das, was wir ihr antun, zur Verantwortung zieht.

Zu merken von der Theorie darüber, wem die Welt gehört

1. Diese Welt gehört nicht uns. Wir sind nur ein Leben lang ihre Gäste.

2. Wir müssen den Planeten sehr gut behandeln, weil er dem Schöpfer gehört.

3. Wir können nur mit Gästen in einem Hotel verglichen werden, denen es nicht erlaubt ist zu tun, was sie wollen.

4. Wir unterliegen universellen Gesetzen, die wir nicht ändern können.

5. Wir können das Universum nicht betrügen.

6. Wir werden für das, was wir zu Lebzeiten getan haben, zur Rechenschaft gezogen werden.

7. Das Universum wird uns alles Physische wegnehmen, ohne dafür um Erlaubnis zu bitte.

THEORIE 19
Die Theorie des Retters

Es gab viele

Dieser Planet hat Menschen gesehen, die mit mehr spiritualer Weisheit gekommen sind als andere. Sie fingen an, zu lehren, um das Leben der anderen Menschen zu bereichern. Sie wussten, dass je weiter die Menschheit auf spiritueller Ebene fortschreitet, desto besser wird es ihr in jeder Hinsicht gehen. Sie versuchten, Leuten zu helfen, so schnell wie möglich besser zu werden. Trotz dieser besonderen Bemühungen ist die menschliche Zivilisation nur mit dem Tempo der Massen und nicht mit dem der wenigen Einzelpersonen vorankommen.

Wer kann mich retten?

Wenn Du glaubst, dass das, was Du hier liest, wahr ist und Du davon profitieren kannst, dann kannst Du Dich dafür entscheiden, einer solchen Lehre zu folgen. Wie rettet eine andere Person den Rest von uns? Das kann niemand. Es würde bedeuten, dass wir sündig und unwissend sein können und trotzdem an den besten Ort des Universums gehen können. Diese Selbstgefälligkeit wird vom Schöpfer nicht akzeptiert. Jeder Mensch muss danach streben, das notwendige spirituelle Niveau für sich zu erreichen. Es geht nicht, dass Du sagst: „Du tust es für mich und ich tue nichts" oder „Ich kaufe eine Fahrkarte zum Himmel, wenn sie im Supermarkt zu kaufen ist'. Du musst Deine ganze Arbeit selbst machen. Das ist der einzige Weg.

Was kann uns retten?

Die Errettung hängt von den verfügbaren kommt Informationen ab. Sie lehren uns, wie dieses Universum funktioniert. Sobald wir es gelernt haben, können wir beginnen, die Art von Entscheidungen zu treffen, die zur Errettung unserer Seele führen. Niemand kann es für Dich tun, weil niemand sonst wie Du ist. Dies ist ein unglaublich faires Universum. Es gibt keine billigen Tricks, mit denen man schummeln kann. Willst Du vor allem Bösen bewahrt werden? Dann musst Du nur alles Gute umarmen. Das ist doch logisch, nicht wahr?

Zeige Dankbarkeit

Schätzen wir diejenigen, die alles Menschenmögliche tun, um uns beim Vorankommen zu helfen, denn sie tun es, weil sie sich um uns sorgen. Wenn sie es nicht für Dich tun würden, würden sie es nur für sich selbst tun und niemals versuchen, Dich zu erreichen. Solche Leute stellen keine Bedingungen und verlangen nichts für ihre Dienste.

Zu merken von der Theorie des Retters

1. Ein Retter ist eine Person, die spirituelles Wissen kommuniziert.

2. Diese Person kann nicht für Dich in den Himmel kommen.

3. Du musst an Dir selbst arbeiten, um gerettet zu werden.

4. Dieses Universum ist so fair, dass nur Deine Handlungen Deine Zukunft bestimmen.

THEORIE 20
Die Theorie der drei Platten

Die gesamte Schöpfung kann mit drei Tellern verglichen werden

Ein Gespräch mit meinem Anhänger Ragaz hat mich dazu inspiriert, diese Theorie zu erstellen. Wie wir wissen, sprechen wir über die wichtigsten Themen in unserer ewigen Existenz. Sehr wenige Menschen können es sich leisten, sie zu ignorieren. Wir sind die Schöpfer unseres eigenen Glücks. Wir werden uns drei Szenarien ansehen, die alle unsere ewigen Ziele repräsentieren. Also stellen wir uns also vor, es gäbe drei Teller auf einem Tisch. Sie repräsentieren unsere Entscheidungen in Bezug auf die Selbstbestimmung in diesem Universum.

Der erste Teller

Der erste Teller ist für diejenigen da, die die reinsten, nettesten, besten, und wunderbarsten Menschen sind. Sie ist randvoll mit dem köstlichsten und leckersten Essen, dessen Frische jeden einlädt, um die köstlichen Gerichte daraus zu probieren, deren Duft die Sinne verführt.

Der zweite Teller

Der zweite Teller repräsentiert diejenigen, die sich in der Mitte der Reichweite befinden und nicht sehr daran interessiert sind, alles in

Ewigkeit richtig zu machen. Sie leben halb richtig und halb falsch. Der Teller enthält Nahrung, die nicht frisch ist in großer Menge, aber sie ist hauptsächlich fad und ohne Geschmack. Das Gericht ist zwar verdaulich, aber es schmeckt nicht gut.

Der dritte Teller

Der dritte Teller ist mit altem Trockenfutter gefüllt, halb verfault und halb zerlegt. Der Geruch beleidigt die Sinne. Er bringt Ekel bei jedem hervor, der ihn nur ansieht. Man würde alles tun, um nicht von diesem Teller zu essen. Dieser Teller wird denen vorgesetzt, die die größten Sünden begangen haben, d.h. denjenigen, denen es egal ist, wo sie in ihrem Leben nach dem Tod essen werden. Sie glauben nicht an die Ewigkeit. Sie wollen nur die Vorteile von allem und jedem im Physischen erhalten.

Was können wir aus dieser Theorie lernen?

Betrachten wir diese Fragen. Welche Existenz würdest Du für Dich selbst für den Rest der Ewigkeit wählen, wenn Du die Wahl hättest? Wäre es der erste, der zweite oder der dritte Teller?

Ich kann mir nur vorstellen, dass wir alle einstimmig geantwortet haben, dass wir an dem besten Teller und damit der besten Existenz interessiert sind. Auch für mich macht es Sinn. Danke für die Auswahl. Ich könnte Dir nicht mehr zustimmen. Was müssen wir denn tun, um den ersten Teller zu verdienen? Wir müssen die Besten sein, nicht wahr? Es ist ja unsere Wahl.

Wie würdest Du meine nächste Frage beantworten? Warum würde sich jemand so verhalten und solche Konsequenzen tragen wollen, wie es im dritten Tellerszenario beschrieben wird, es sei denn sie wüssten nicht, was sie tun?

BEREIT FÜR DAS LEBEN NACH DEM TOD?

Im Lukas-Evangelium 23:34 ist geschrieben: „Sie wissen nicht, was sie tun'. Es ist an der Zeit, dass wir anfangen zu wissen, was wir tun und es mit unseren Taten beweisen, damit wir diesen Mangel an spirituellem Wissen ein für alle Mal beseitigen. Infolgedessen werden wir uns selbst den größten Gefallen tun, wenn wir ein für alle Mal Fortschritte machen.

Welcher Teller wird Dir als Belohnung für Dein irdisches Leben serviert werden an dem Ort, an dem es kein Geld gibt und an dem die irdische Macht keine Bedeutung mehr hat? Du entscheidest dies gerade mit Deinen Gedanken und Deinen Taten.

Jeden Tag werden Milliarden von Tellern serviert

Die drei Teller dienen nur als Veranschaulichung dieser Idee. In Wirklichkeit gibt es Milliarden von Ebenen, auf die Seelen mit ihren Schwingungen gezogen werden können. Jeden Tag sterben Menschen im gesamten Universum. Wenn wir das Physische verlassen, werden wir nicht mehr in der Lage sein uns auszusuchen, wohin wir gehen. Unsere Seele wird automatisch auf die perfekte Ebene steigen oder fallen, die wir uns verdient haben. Also werden wir von dem Teller essen, der unsere universellen Errungenschaften im Nicht-Physischen abbildet.

Es gibt keine guten oder schlechten Menschen. Es gibt nur gute oder schlechte Entscheidungen. Von welchem Teller wirst Du essen? Das entscheidet Deine Seele mit ihrer Energie. Sie wird automatisch am richtigen Tisch sitzen, wo nur das Perfekte und Passende für sie bereitsteht. Wir können unsere Taten nur hier und jetzt steuern, während wir noch in unserem Körper sind. Wir können diese Welt nicht verlassen und sagen: „Ich will vom besten Teller essen." Dann ist es zu spät und man kann dann unmöglich sein Schicksal ändern. Deine Seele muss sich jetzt mit ihrem Leben entscheiden.

Zu merken von der Theorie der drei Teller

1. Es gibt viele Ebenen im Universum, auf die Seelen gehen können, nachdem sie den menschlichen Körper verlassen haben.

2. Die obersten Ebenen sind für die reinsten, nettesten, besten und wunderbarsten Menschen vorbehalten.

3. Die mittleren Ebenen ziehen Seelen an, die in der Mitte sind, d.h. die nicht sehr in der Ewigkeit interessiert sind und halb richtig und halb falsch liegen.

4. Die niedrigsten Ebenen sind mit den größten Übertretern der Gesetze des Universums gefüllt.

5. Ich allein entscheide, wie ich mein Leben lebe und wenn ich meinen Körper verlasse, werde ich basierend auf meiner Seelenfrequenz automatisch zu dem am geeignetsten Teller im Universum gebracht.

6. Es gibt keine guten oder schlechten Menschen. Es gibt nur gute und schlechte Entscheidungen.

7. Es ist an der Zeit, das Nicht-Physische des Universums zu verstehen, da Du darin existieren wirst.

THEORIE 21
Die Theorie der Spiegel

Spiegel? Welche Spiegel?

Wir tragen Verantwortung für alles, was wir erschaffen. Dies bedeutet, dass wir unsere Entscheidungsfreiheit achtsam nutzen müssen. Schauen wir uns ein Beispiel an, das diese Idee genauer erklärt. Stell Dir vor, Dein Nachbar schmeißt jeden Samstag eine Party und es ist ihm dabei egal wie sehr Du Dich darüber beschwerst. Du verachtest ihn deshalb. Jedes Mal, wenn Du ihn siehst, schaust Du entweder in die andere Richtung oder Du beschwerst Dich bei ihm. Er tut dasselbe, d.h. er ignoriert Dich, findet Entschuldigungen oder sagt Dir, dass es Dich nichts angehe, wie er sein Leben lebe.

Siehst Du den Spiegel hier? Du ignorierst ihn und er ignoriert Dich. Du willst Deinen Willen durchsetzen und er will das Selbe. Du verachtest ihn und er verachtet Dich.

Hat es mit Deiner Vergangenheit zu tun?

Es kann im Jetzt Konsequenzen geben, die sich aus anderen Lebenszeiten ergeben. Manche Menschen tauchen in unserem Leben auf und möglicherweise findest Du sie unsympathisch ohne genau zu wissen warum. Du weißt einfach, dass Du keine gute Beziehung zu ihnen aufbauen wirst. Was passiert, wenn Du mit ihnen sprichst? Oft bekommst Du die Bestätigung, dass Deine Gefühle richtig waren. Du kannst diese Person einfach nicht ausstehen. Warum? Es mag keinen offensichtlichen Grund dafür geben und doch gibt es eine spirituelle Erklärung.

Manchmal werden diese Leute unsere Ehepartner und alles wird ausgeglichen komplizierter. Warum sollte ich eine Person heiraten, mit der ich in meinem vorherigen Leben die schlimmste Beziehung hatte? Vielleicht ist der Grund dafür, dass Du die Chance bekommen sollst, Dich mit dieser Person zu versöhnen, damit Du in diesem Universum aufsteigen kannst.

Mache rückgängig, was rückgängig gemacht werden muss

Wenn die Folgen aller unserer Gedanken, Taten und Wünsche sowohl uns als auch alle, die um uns herum sind, beeinflussen, müssen wir vorsichtig sein mit dem, was wir denken, tun und begehren. Wenn jemand es nicht schaffe, alle seine Fehler im Leben rückgängig zu machen, wird er oder sie die Fehler wahrscheinlich ins nächste Leben mitnehmen. Im Idealfall würden wir alles Nötige rückgängig machen, bevor wir gehen. Lies die Todesbettperspektive in der Theorie, es richtig zu machen, für mehr Informationen zu diesem Thema.

Es muss eine Chance geben, sich mit Menschen zu versöhnen, gegen die wir gesündigt haben. Der einfachste Weg wäre, sich zu entschuldigen. Weitere Maßnahmen der Wiedergutmachung können erforderlich und angemessen sein und hängen von Deiner Übertretung ab. Der richtige Betrag, der zurückgegeben werden sollte, ist das Doppelte dessen, was Du weggenommen hast. Lass uns nicht glauben, dass es einfach vergessen werden kann.

Wenn jemand nur Gutes tut und zur Besserung aller Menschen beiträgt, sollen sie davon profitieren. Die Universalspiegel funktionieren mit absoluter Perfektion. In Galater 6:7 sagt die Bibel, dass ein Mann ernten wird, wie er gesät hat. Dies gilt zu jeder Zeit und für jede Seele. Es gilt nicht nur für die großen Dinge, sondern auch die kleinen. Im Idealfall ist unser Spiegelbild rein und voller Güte oder Glück. Lasst uns dafür sorgen, dass wir mit unserem Leben etwas erschaffen, das wir lieben und das gut ist, weil wir es viele Male zurückbekommen werden.

Zu merken von der Theorie der Spiegel

1. Für alles, was ich erschaffe, bin ich verantwortlich.

2. Alle Fehler müssen rückgängig gemacht werden.

3. Überlege Dir Deine Reaktionen gut, weil Du höchstwahrscheinlich dieselben zurückbekommen wirst.

4. Die Bibel sagt, dass Du ernten wirst, was Du gepflanzt hast. Dies trifft auf alles zu.

5. Der richtige Betrag zum Zurückgeben ist das Doppelte dessen, was Du weggenommen hast.

THEORIE 22

Die Theorie der Entscheidungen und Wahlmöglichkeiten

Wie ist es aufgebaut?

Der Schöpfer hat uns das Recht gegeben, frei zu entscheiden, was wir sein oder tun wollen. In der Theorie der Verantwortung und der Konsequenzen haben wir gelernt, an was wir denken müssen, wenn wir Entscheidungen treffen, weil es Konsequenzen gibt. Alles ist sowohl im Physischen als auch im Nicht-Physischen miteinander verbunden.

Richtig oder falsch?

Es gibt weder richtig noch falsch. Gut und Böse sind eine Frage der Perspektive und der Wahrnehmung. Deshalb verwenden wir unser Wissen des Nicht-Physischen als Kompass, der uns leitet. Wenn unser Verständnis von dem, was gut ist richtig ist, werden wir an den besten Ort im Jenseits kommen. Wenn jedoch unser Sinn für das, was gut ist falsch ist, werden wir unsere Seelen in den Teil des Universums lenken, wo nicht viele freiwillig hingehen würden.

Einige geben Dir die Wahl

Einige Leute werden Dir die Wahl geben, aber was auch immer Du wählen wirst, wird nur ihnen gefallen und nicht Dir. Stell Dir vor, Deine Großmutter streckt ihre Hände aus und hält in jeder einen Apfel. Beide sind gleich groß, aber der eine ist grün und der andere ist gelb. Sie fragt Dich: „Welchen Apfel möchtest Du essen? Wähle, mein Lieber! Du allein entscheidest."

„Ha, Großmutter, ich lasse mich nicht von Dir täuschen. Ich möchte den roten Apfel essen, und Du bietest ihn mir nicht mal an."

Wie oft haben wir so eine ähnliche Situation erlebt? Wenn es jemals passieren sollte, müssen wir schnellstens erkennen, dass uns eine Falle gestellt wurde. Es ist unmöglich, falsche Entscheidungen zu treffen und davon zu profitieren. Es ist besser, die Finger davon zu lassen. Es ist weder das Geld noch die Beförderung wert. Wenn wir es anderen Leuten erlaubten, wichtige Entscheidungen für uns zu treffen, würden wir unsere Freiheit verlieren und somit das Leben leben, das die Anderen haben wollen, aber nicht das, was wir leben möchten.

Zurück zu meinem Beispiel: Wenn Du auf Deine Großmutter gehört hättest, würdest Du entweder den gelben oder den grünen Apfel essen und nicht den roten, obwohl dies der der einzige ist, den Du wirklich magst.

Kein Stress

Unsere Entscheidungen müssen immer frei und nicht unter Zwang getroffen werden. Wenn wir gestresst sind, müssen wir trotzdem vorsichtig sein, weil unsere Entscheidungen die bereits erklärten Konsequenzen haben werden. Egal wie sehr Dich jemand zum Schießen auffordern mag, wenn Du abdrückst, bist Du mitverantwortlich!

Es fühlt sich großartig an, unsere eigenen Entscheidungen zu treffen. Lasst uns daran denken, dass die andere Seite der Medaille die Konsequenzen unserer Taten sind.

Erziehe Deine Kinder

Es ist höchste Zeit, dass wir unserem Nachwuchs beibringen, die besten Entscheidungen in ihrem Leben zu treffen. Oft lernen sie durch Beobachtung und langsam beginnen sie, ihre eigenen Entscheidungen zu treffen anstatt einem guten Vorbild zu folgen. Es könnte an der Zeit sein aufzuhören, die Erbsünde weiterzugeben. Unsere Kinder haben automatisch das Recht, etwas Besseres und vor allem mehr zu verlangen. Es ist unsere Pflicht, sie zu unterstützen anstatt uns zu ärgern, wenn ihre avantgardistischen Ansprüche auftauchen.

Zu merken von der Theorie der Entscheidungen und Wahlmöglichkeiten

1. Wir sollten völlig frei wählen können, was uns gefällt.

2. Wir sollten es niemanden erlauben, unsere Entscheidungsfreiheit einzuschränken.

3. Wenn wir in unserem Leben gut sind, gehen wir nach dem Ende unseres Lebens an einen guten Ort im Universum.

4. Es gibt Konsequenzen für alle unserer Entscheidungen und Taten.

5. Egal wie sehr Dich jemand zum Schießen auffordert, wenn Du abdrückst, bist Du mitverantwortlich!

6. Es ist höchste Zeit, dass wir aufhören, die Erbsünde weiterzugeben.

THEORIE 23

Die Theorie, eine „Mehr-Person" zu sein

Wie viel tut mir gut?

In dem Moment, in dem ich das Gefühl habe, dass ich genug habe, höre ich auf, nach mehr zu streben. Das ist auch der Moment, in dem ich aufhöre, mehr zu bekommen, es sei denn, ich richte ein System der Selbstbelohnung ein, das mehr garantiert. Der Trick ist zu wissen, wie viel ich nehmen kann oder wie Viel mir gut tut. Was ich damit meine ist, dass es Umstände gibt, in denen mehr zu bekommen, tatsächlich schlecht für unser Ego sein könnte, es sei denn, wir können es mit guten Taten ausgleichen.

Zum Beispiel habe ich seit Jahren ein erfolgreiches Geschäft und verdiene viel Geld. Vielleicht fühle ich mich jetzt deswegen Anderen überlegen. Ist es ein positives Gefühl? Gehe ich mit diesem Gefühl an einen besseren Ort im Universum?

Ja- und Nein-Menschen

Es gibt viele „Ja-Menschen", die auf fast alles im Leben mit „Ja" antworten, aber es gibt auch einige „Nein-Menschen". In der ersten oder der zweiten Gruppe zu sein bestimmt unser Leben, weil Alles, was wir tun, von uns gewählt bzw. entschieden wird.

Was ist meine natürliche Neigung, wenn ich mich selbst betrachte? Bin ich eher ein Ja-Sager oder ein Nein-Sager? Es hat ein wenig damit zu tun, ob ich ein Optimist oder Pessimist bin. Als Beispiel kann ich einen Freund anführen, der mich bittet, an einen Ort zu gehen, an dem ich noch nie zuvor war oder etwas zu tun, das ich noch nie zuvor getan habe. Was ist die natürliche Reaktion auf so eine Bitte? Denke ich, dass ich dorthin gehen will?

Ein weiteres Beispiel sind meine inneren Denkprozesse, die ich verwende um zu entscheiden, was ich tun werde. Sie haben mit meinen Bestrebungen, Faszinationen, Vorlieben, Abneigungen und all den anderen Einflüssen auf meine Entscheidungen zu tun. Was werde ich tun, falls das Wetter heute wunderbar wäre? Werde ich einen Ausflug entlang der Küste machen oder lieber zu Hause bleiben und fern sehen?

Kann ich mich von all dem zurückziehen?

Als „Mehr-Mensch" werde ich höchstwahrscheinlich nichts aufgeben. Solche Leute arbeiten bis zum letzten Atemzug. Es ist gut, wenn sie ihren Hobbys nachgehen. Wir sollten immer das tun, was uns glücklich macht. Im Idealfall würden wir einen Teil dessen, was wir ununterbrochen haben, tun. Wenn wir dies tun, brauchen wir einfach nicht in Rente gehen. Von was, das tun, was ich liebe oder wofür ich lebe? Das ist unmöglich!

Ein „Mehr-Mensch" will immer mehr

Eine „Mehr-Person" ruht nie und gibt nie auf. Ihr Denken ist: „Ich will mehr sein, beitragen, schaffen und erleben.'

Warst Du schon einmal in Florenz? Hast Du die unvollendeten Werke Michelangelos gesehen? Er bildhauerte und bereitete sich bis zu seinem Tod auf mehr vor. Wenn er nicht gestorben wäre, hätte er damit weitergemacht, mehr zu schaffen bzw. zu malen. Die meisten Autoren oder Schauspieler tun dasselbe.

Zu merken von der Theorie der „Mehr-Person"

1. Wir entscheiden über unser Leben, indem wir die Antwort „Ja" oder „Nein" auf alle inneren und äußeren Reize anwenden.

2. Eine „Mehr-Person" weigert sich nie, für mehr zu leben.

3. Wir müssen mehr Gutes erschaffen, da es uns positive Vorteile bringt.

4. Eine „Mehr-Person" muss sich nie zurückziehen.

THEORIE 24
Die Theorie einer höheren Macht

Gibt es Gottlosigkeit in dieser Welt?

Glauben die Menschen heutzutage an eine höhere Macht? Ist die Religion nicht einfach wie ein blinder Eifer, der der Vergangenheit angehört? Wir können den Schöpfer nicht sehen, also existiert er vielleicht auch gar nicht? Würdest Du etwa erwarten, dass er auf dem Olymp sitze? Würdest Du dann an ihn glauben? Muss er Blitze auf Dich schießen, damit Du anfängst zu glauben?

Wer ist diese Höhere Macht?

Du kannst Liebe nicht sehen und doch weißt du, dass es sie gibt. Du kannst Freundschaft nicht sehen, aber das bedeutet noch nicht, dass sie nicht existiert. Wir können die Höhere Macht nicht sehen, aber wer kann behaupten, dass es sie nicht gäbe?

Manche nennen es Mutter Natur, Kosmos, Schöpfer, ewige Energie, Universum, Gott, Quelle, oder viele andere Namen. Egal wie wir es, ihn oder sie nennen, die meisten von uns werden zustimmen, dass es eine höhere Macht gibt.

Mit oder ohne Glauben?

Diejenigen, die einen Glauben haben, haben etwas, worauf sie sich verlassen können, wenn sie in Not sind. Es gibt Momente im Leben, in denen wir niemanden haben, dem ich vertrauen, glauben oder an den wir uns wenden können. Jenen ohne Glauben geht es auch gut, denn offensichtlich brauchen sie keinen Glauben. Das Universum verändert sich nicht, egal ob Du einen Glauben hast oder nicht. Durch den Glauben ändert sich allerdings Deine Wahrnehmung des Universums und Deine Beziehung damit. In dem Moment, an dem wir anfangen an eine höhere Macht zu glauben, können wir Kraft daraus schöpfen.

Es ist nicht notwendig, dass wir das Universum anbeten, um es richtig zu machen. Manche tun dies sogar, ohne an irgendetwas zu glauben. Allerdings stimmt es, dass je mehr wir beten, desto näher kommen wir dem Schöpfer. Solange wir uns an die universellen Gesetze halten, haben wir eine Chance an den besten Ort in unserem Leben nach dem Tod zu gelangen.

Meine wahre Geschichte

Diese Erinnerung führt mich auf die tropische Insel Mauritius, die ich besuchte, bevor Mobiltelefone weit verbreitet waren. Ich war mit einem Mietwagen im Zentrum der Stadt unterwegs. Ich hatte einen Fremdenführer, der neben mir saß und mir sagte, wohin ich fahren sollte. Er sagte mir Dinge wie „links abbiegen," „rechts abbiegen" oder „geradeaus fahren." Mit so einem Menschen an der Seite wird das Fahren in einer unbekannten Stadt einfach. Nach einiger Zeit bekam der Fremdenführer einen Anruf und musste aussteigen. Also war ich allein in Port Louis, der größten Stadt auf Mauritius. Ich hatte kein Geld bei mir, keinen Reisepass, kein Telefon und kein Navigationsgerät. Ich hatte also echte Schwierigkeiten. Ich fuhr weiter und wurde ich immer ängstlicher. Also betete ich und bat darum, dass mir der richtige Weg angezeigt würde. Ich hatte keine Ahnung, wo ich war und was ich tun sollte. Nach etwa zwei Stunden Fahrt habe angehalten, weil ich emotional und körperlich erschöpft war. Ich zitterte vor Angst. Ich konnte weder Kreolisch noch Französisch sprechen, die zwei Sprachen, die auf Mauritius von den meisten Menschen verstanden werden. Ich stieg aus dem Auto aus und hielt einen vorbeigehenden Mann an. Er sah meine Not und bat mir Hilfe an. Er war Anwalt. Erstaunlicherweise sprach er Englisch. Er bot an, mich in ein Krankenhaus oder eine Polizeiwache zu bringen. Als er mir das erzählte, hörte ich eine vertraute Stimme meinen Namen rufen. „Das kann doch nicht sein!" dachte ich. Die Stimme gehörte der Mutter meines Fremdenführers. Ich hatte ein paar Tage in ihrem Haus gewohnt. War das ein Zufall? Ohne es zu wissen, hatte ich das Auto nur zwei Häuser von dem Ort, den ich die ganze Zeit in dieser Stadt mit 150.000 Einwohnern gesucht hatte, entfernt geparkt. Dies bewies mir ein für alle Mal, dass es eine höhere Macht gibt, die sich einmischt, wenn Sie gerufen wird und wenn wir die richtigen Maßnahmen ergreifen. Ich habe es rein zufällig gemacht, aber ich habe es richtig gemacht.

Was tun, um Unterstützung von der höheren Macht zu erhalten?

Lernen wir ihr zu vertrauen. Auf Mauritius tat ich es unbewusst, fast als letzten Ausweg, aber ich wurde nicht enttäuscht. Ich war den ganzen Weg vom Zentrum der Stadt zum Haus der Mutter meines Fremdenführers in der Vorstadt gefahren, ohne die geringste Ahnung zu haben, wohin ich fahre. Niemand kann mir sagen, dass es bei mir nicht funktioniert hat. Versuch es selber! Es klappt!

Meine Deutschprüfung

Ich werde eine weitere Erfahrung mit Dir teilen, die ich vor vielen Jahren gemacht habe. Vor einiger Zeit hatte ich für eine wichtige Deutschprüfung gelernt. Ich war die letzte Person, die in den Prüfungsraum ging. Als alle anderen Fragen bereits gezogen worden waren, wusste ich, dass ich nur noch zwei zur Auswahl hätte. Ich setze meinen ganzen Glauben auf eine von diesen Fragen. Wie Du Dir vorstellen kannst, ich hatte vorher nicht viel gelernt, und es war wichtig für mich, die Prüfung zu bestehen. Ich hatte 10 Minuten, um alle relevanten Fakten, Namen und Zahlen zu lernen. Dann öffnete sich die Tür und es war Zeit für mich eine Frage zu ziehen. Was denkst Du, welche Frage habe ich gezogen? Natürlich die Frage, die ich in den vorherigen 10 Minuten eifrig auswendig gelernt hatte. Es ist also fast unnötig zu erwähnen, dass ich die Prüfung mit Bravour bestanden habe. Könnte dies ein Zufall gewesen sein? Oder war es die Kraft des Glaubens? War die höhere Macht beteiligt oder habe ich mich auf ein anderes Gesetz berufen?

Kraft des einzig richtigen Gebets

Um zu dem Punkt zu kommen, an dem wir jetzt im vierten Jahrtausend sind, mussten wir einfach lernen, richtig zu beten. Heutzutage beten wir mit jedem Gedanken, jeder Geste und jeder Tat. Unser Leben ist mit einem ununterbrochenem Gebet gefüllt. Es ist Teil unseres Denkens und Handelns geworden. Wir verstehen, dass dies der einzige Weg ist, um all die ewigen Belohnungen zu ernten, die uns interessieren. Es ist wichtig, vollständig auf die Weise zu leben, die die höhere Macht einschließt, deren Gesetze befolgt werden müssen und die uns wiederum für unsere Taten belohnt. So muss es jederzeit sein. Es gibt kein ‚Ich habe übertreten und dann mehr bereut.' Jetzt wissen wir es besser. Wir übertreten niemals im ersten Platz mehr. Wenn wir nicht mehr ständig unsere Fehler korrigieren müssen, haben wir mehr Zeit, um im Universum voranzukommen.

Zu merken von der Theorie einer höheren Macht

1. In einem Universum, das teilweise physisch und teilweise unsichtbar ist, ist es logisch, dass die höhere Macht im unsichtbaren Teil wohnt.

2. Der Glaube an eine höhere Macht kann geprüft und bewiesen werden.

3. Ein Gebet ist ein Prozess, der all unsere Gedanken und Taten an jedem Tag unseres Lebens umfasst.

THEORIE 25

Die Theorie der totalen Freiheit

Wie ist das alles aufgebaut?

Informatiker und Webdesigner wissen, dass Nichts in unserem Spiel oder Programm erlaubt oder möglich ist, das wir nicht zugelassen haben. Dasselbe gilt im gesamten Universum. Wenn der Schöpfer für etwas keine Spielräume und Möglichkeiten zugelassen hätte, wäre es nie entstanden. Wenn er entschieden hätte, dass alle Menschen auf allen Vieren gehen sollten, würden wir heute auf allen Vieren gehen.

Der Schöpfer hat entschieden, dass wir völlig frei sein sollen. Die Freiheit kommt also vom höchsten Wesen. Es gibt strenge Gesetze und Regeln, die wir erlernen und befolgen müssen. Sobald sie eingehalten werden, haben wir ein problemloses Leben.

Wir können gemäß dem Plan des Schöpfers und innerhalb der Matrix leben

Das kommt uns zugute, aber es gibt auch Einschränkungen. Zum Beispiel können wir uns nicht dafür entscheiden, für immer auf dieser Welt zu bleiben, wie wir bereits in der Theorie der Bereitschaft für das Leben nach dem Tod besprochen haben. Es gibt viele Regeln, die zwar gültig sind, aber trotzdem von Menschen ignoriert werden. Die Menschheit muss sich spirituell weiter entwickeln, um bereit zu sein, diese Regeln zu akzeptieren. Viele von ihnen wurden bereits in diesem Buch angesprochen.

Welche Entscheidungen sind zu treffen, wenn man völlig frei ist?

Ich treffe sie gerade! Die Entscheidungen können körperlicher Natur sein oder nicht. Ich kann zur Arbeit gehen oder den Arbeitsplatz wechseln. Ich kann ein T-Shirt tragen oder etwas anderes. Was ich tue, mache oder wohin ich im Physischen gehe, hat weniger Relevanz als nicht-physische Entscheidungen. Die Entscheidungen, die wir in Bezug auf unser Verhalten und unsere Einstellungen treffen, und der Umgang mit uns selbst und anderen sind sehr wichtig. Wir wollen von diesem Leben profitieren, nicht wahr?

Wir können uns dafür entscheiden, gut zu sein und Gutes zu tun. Wie in der Theorie der Spiegel verdeutlicht wurde, erntet man als Mensch das, was man gesät hat.

Entscheide Dich, ein besserer Mensch zu werden

In der Theorie des Universums und ihrer Tests lesen wir über die beiden Listen, die angeschaut werden, wenn wir aus unserem Körper fahren. Wir sind das Gesamtergebnis all unserer Entscheidungen im Physischen und Nicht-Physischen. Jede nicht-physische Wahl prägt unsere Seele. Also in dem Moment, in dem wir uns entscheiden, ein besserer Mensch zu werden, wird dies auf der entsprechenden Liste vermerkt. Diese Entscheidung muss frei getroffen werden. Wenn wir gezwungen wären, ein besserer Mensch zu werden, würde das niemals klappen. Haben Sie schon einmal davon gehört, dass Kinder, die gezwungen wurden Karotten zu essen, sie als Erwachsene nie wieder essen?

112

Was ist der Sinn dieser Freiheit?

Wir sind völlig frei, unser Schicksal zu bestimmen. Wir sind nicht verpflichtet, etwas zu tun, was wir nicht freiwillig tun würden. Die totale Freiheit zu haben ist eines der wichtigsten Gesetze im Universum. Denke daran, dass das Universum Dich auf die Probe stellt. Es hat mit Deiner Entscheidung zu tun, die Kraft des Guten oder des Gegenteils zu sein.

Du kannst Dir aber sicher sein, dass Du die Folgen Deiner Handlungen genießen wirst, wenn Du das Nicht-Physische erreichst.

Du musst frei wählen können

Schauen wir uns ein Szenario an, in dem ein Vater seinen Sohn dazu zwingt, ein Wettrennen zu gewinnen. Stell Dir vor, Du stecktest in den Schuhen des Sohnes. Du bist ein guter Läufer, aber Du hast kein Interesse daran, an einem Wettrennen teilzunehmen. Dein Vater ist als junger Mann nicht gelaufen und hat es sein Leben lang bereut. Jetzt will er Dich zwingen, dieses Rennen zu gewinnen. Also setzt er Dich stark unter Druck. Er sagt, er tue es nur für Dich. Er sagt, dass Du ihm dafür eines Tages dankbar sein wirst. Er verweigert Dir jedes Vergnügen, wenn Du nicht tust, was er Dir sagt. Er besteht darauf, dass Du nur dann ein anständiger Sohn seist, wenn Du das tust, was er Dir sagt. Er sagt Dir, dass seine Ehre davon abhänge, dass Du das Wettrennen gewinnst. Um ihm zu gefallen und seinen Ansprüchen zu entsprechen, tust Du, was er sagt. Er trainiert Dich jeden Tag auf der Strecke, um sich seinen Traum zu erfüllen. Du tust es für ihn. Du liebst ihn und willst ihm gefallen. Du würdest alles für ihn tun, was Du nur kannst. Aber gewinnst Du das Rennen? Nein! Du fällst nur wenige Schritte vom Ziel entfernt! Du hattest zu viel Druck. Du hast es nicht für Dich getan, sondern für ihn. Sein Traum ist nicht in Erfüllung gegangen. Er ist verrückt. Er ist am Boden zerstört. Du ziehst praktisch sofort aus seinem Haus aus und es dauert zwei

Jahrzehnte bis Du wieder eine anständige Beziehung zu ihm aufbauen konntest.

Was für ein Vater ist der Schöpfer?

Was würde er wohl dem Vater aus dem obigen Beispiel sagen, wenn er auf der anderen Seite der Existenz ankommt? Wird es so etwas wie: „Gut gemacht, Du warst ein toller Vater." Oder wird er eher so etwas fragen wie „Was hast Du aus Deinen Taten gelernt?" Würde der Schöpfer jemals seine Kinder zu etwas zwingen, was sie nicht wollen? Warum haben unsere Kinder eine andere Vorstellung davon, wie sie ihr Leben leben wollen? Was können wir lernen, wenn wir über diese Fragen nachdenken? Was versucht uns das Universum zu zeigen? Warum spielen hier die Gesetze der Selbstbestimmung eine wichtige Rolle?

Zu merken von der Theorie der totalen Freiheit

1. Wenn das Universum uns einschränken wollte, könnten wir nicht das tun, was uns gefällt.

2. Freiheit ist ein Gesetz, das alle Ebenen umfasst.

3. Sobald wir uns an alle strengen Gesetze und Regeln halten, haben wir ein problemloses Leben.

4. Der Zweck der Freiheit ist für jeden Einzelnen unser auserwähltes Schicksal zu erfüllen.

5. Wir sollten zu nichts gezwungen werden.

114

THEORIE 26
Die Theorie der
unbekannten Zukunft

Angst vor dem Unbekannten?

Manchmal scheinen wir so viel Angst vor dem Unbekannten zu haben, dass wir vergessen, dass wir uns eigentlich auch darauf freuen könnten. Erinnerst Du Dich an die Theorie der Entscheidungen und Wahlmöglichkeiten? Wir können uns für das eine oder das andere entscheiden. Wir entscheiden, weiterzumachen, um zu sehen, was das Ergebnis unserer Entscheidung ist. Wenn wir uns jedoch dafür entscheiden, Angst zu haben, können wir uns wertvolle Erfahrungen nehmen. Wir müssen alle Vor- und Nachteile bewerten und eine fundierte Entscheidungen darüber treffen, was wir wirklich machen wollen. Du erinnerst Dich doch an meine Theorie, ein „Mehr-Mensch" zu sein, richtig?

Bist Du offen für Veränderungen?

Stellen wir uns vor, wir steigen in eine Zeitmaschine und gehen fünftausend Jahre zurück. Dort treffen wir nette Leute. Stellen wir uns vor, dass wir ihr Vertrauen gewinnen und sie davon überzeugen, mit uns in unsere heutige Welt zu kommen. Also fahren wir zusammen nach New York. Sie sind geblendet von den Lichtern der Stadt, ersticken an der Luftverschmutzung und sind schockiert von der Hektik. Wir zeigen ihnen die Maschinen, die für uns arbeiten und was wir im Fernseher sehen können. Wir lassen sie duschen, weil sie so etwas noch nie zuvor gemacht haben. Wir organisieren einen Haarschnitt für sie, so dass sie wie moderne Menschen aussehen, und geben ihnen moderne Kleidung, die angemessen zu tragen ist. Wir gehen mit ihnen in ein Restaurant, um ihnen zu zeigen, wie wir heutzutage essen. Wir erklären, dass wir von einem Ort zum anderen fliegen können und dass das Leben hier viel sicherer und besser ist als ihres vor 5.000 Jahren. Sie haben Schwierigkeiten, so zu essen, wie wir es heute tun. Alles erscheint ihnen sehr seltsam. Sie ähneln Fischen ohne Wasser. Ein paar Stunden danach bitten sie uns, sie in ihre Zeit zurückzubringen.

Ist dies eine Überraschung? Was würdest Du tun, wenn Dir etwas Ähnliches passierte? Möchtest Du 5.000 Jahre in der Zukunft leben? Was würdest Du tun, wenn Dich eine außerirdische Zivilisation zu sich, d. h. zu einer viel weiter entwickelten Welt nehmen würde? Würdest Du Dich entscheiden, für den Rest Deines Lebens dort zu bleiben oder würdest Du lieber nach Hause zurückkehren?

Unsere eigene Realität

Wir müssen die Tatsache berücksichtigen, dass die meisten Menschen ihre eigene Wirklichkeit mögen. Sie wollen sie nicht ändern. Viele von uns, würden sich wahrscheinlich dafür entscheiden, nichts zu ändern, auch wenn sie wüssten, dass eine Veränderung besser wäre.

Vielleicht erinnerst Du Dich daran, als Dir Dein Arzt gesagt hat, dass Du mit Rauchen aufhören solltest und Du hast über diesen Vorschlag gelacht. Du rauchst gerne. Du möchtest nicht damit aufhören. Vielleicht wurde Dir gesagt, dass Du keine Süßigkeiten essen sollst, weil Du sonst viele Medikamente nehmen müsstest und Du dachtest: „Ganz egal welche Medizin ich nehmen muss, ich werde meine Süßigkeiten nie aufgeben!'

116

Wir scheinen nicht daran interessiert zu sein, die Zukunft zu leben. Wir sind nicht wirklich an viel Veränderung interessiert. Wir wollen nur das, was uns bekannt ist. Wir wollen nur das, was uns hier und jetzt Freude bereitet. Wir scheinen uns nicht besonders um die Konsequenzen unserer Entscheidungen zu kümmern. Unsere Gewohnheiten sind die, mit denen wir aufgewachsen sind. Also werden wir sie für den Rest unseres Lebens beibehalten.

Umarme das Unbekannte

Sind wir wirklich so? Die Zukunft kann uns doch noch so viel mehr bringen, als wir je zu träumen gewagt haben. Es ist das gleiche mit unserem Jenseits. Die meisten von uns wissen nicht, wo sie hingehen werden, es sei denn, sie sind mit den Gesetzen des Universums vertraut und verstehen, wer sie sind und warum sie körperlich hierher gekommen sind. Dies sollte jedoch kein Grund sein, unsere ewige Zukunft abzulehnen oder uns zu weigern, sie in unseren gegenwärtigen Leben zu berücksichtigen. Niemand kann mir sagen, wie ich mein Leben leben soll. Ich muss nur sicherstellen, dass ich nie bereue, was ich tue.

Reue kann jederzeit kommen, sogar im Jenseits. Es ist besser sicherzustellen, dass wir keine Reue empfinden. Wir müssen uns gut überlegen, was wir tun und was wir nicht tun. Das ist ein neuer Lebensstil. Bald wird ein ganzes Buch darüber geschrieben werden. Wir müssen unsere Handlungen jederzeit evaluieren, um sicherzustellen, dass sich nur angenehme Konsequenzen aus unseren Gedanken und Taten ergeben.

Du bist Energie

Weißt Du, wo Du sein wirst, wenn Du diese Welt verlassen wirst? Ich habe eine sehr gute Idee! Wir wissen, dass Energie vibriert und in dem Moment, in dem zwei oder mehrere Seelen die gleiche Frequenz erreichen, werden sie automatisch verbunden. Andere Beispiele für Energie sind Liebe, Hass, gute Wünsche, schlechte Wünsche, Neigungen, Gedanken und Taten. Es liegt an uns, mit welchen Energien wir uns füllen. Die Großzügigen werden mit den Großzügigen sein, die Netten mit den Netten, die Geizhälse mit anderen Geizhälsen, etc. Das ist doch logisch, oder?

Bereite Dich auf Deine unbekannte Zukunft vor

Unsere Zukunft ist auch unser Leben nach dem Tod. Das wissen wir alle, oder nicht? Auch wenn wir es nicht glauben wollen, so wird es doch passieren, oder? Der Planet hat seine Zukunft und unsere Kinder auch. Ob es uns gefällt oder nicht, wir werden diese Welt irgendwann verlassen. Das ist unsere unbekannte Zukunft, die nicht physisch ist. Warum scheinen manche Menschen diese Tatsache zu ignorieren? Liegt es daran, dass sie nur für das Materielle und Vergängliche leben? Glauben sie an gar nichts mehr?

Warum sperren sich einige von uns derart gegen das neue Unbekannte? Es ist der Ort, woher wir kamen und an den wir zurückkehren werden. Manche bezeichnen es als Heimkehr. Wie kann dieser Ort unbekannt sein, wenn wir von dort gekommen sind? Oder ist er unbekannt, weil wir möglicherweise an einen anderen Ort zurückkehren werden?

Freuen wir uns darauf und machen wir das Beste daraus! Jetzt! Es ist zu spät, wenn wir tot sind! Bereiten wir uns auf unsere Zukunft vor! Auch Du wirst irgendwann an diesen Punkt kommen! Du weißt, dass es so kommen wird. Niemand kann es vermeiden. Niemand kann es aufhalten. Ist es nicht besser, vorbereitet zu sein? Wenn es nicht illegal im Physischen ist und nicht gegen das Universum im Nicht-Physischen verstößt, können wir wirklich alles tun, was wir wollen.

Zu merken von der Theorie der unbekannten Zukunft

1. Wir können uns dafür entscheiden, offen für positive Veränderungen zu sein.

2. Freuen wir uns auf das Unbekannte.

3. Wir können eine sehr gute Vorstellung davon bekommen, wohin wir gehen werden, wenn wir das Physische verlassen, weil jeder, der genau wie wir ist, auch da sein wird.

4. Das Leben nach dem Tod ist unsere Zukunft und wir können uns jetzt darauf vorbereiten.

5. Wenn es nicht illegal im Physischen ist und nicht gegen das Universum im Nicht-Physischen verstößt, können wir wirklich alles tun, was uns beliebt.

THEORIE 27
Die Theorie des Fokus

Auf wie viele Dinge können wir uns gleichzeitig konzentrieren?

Ist die Antwort so viele, wie wir gerne hätten? Wie wäre es mit der hundertprozentigen Aufmerksamkeit? Auf wie viele Dinge können wir uns voll konzentrieren? Bedeutet ‚Multitasking', dass ich mich voll und ganz auf viele Sachen auf einmal konzentrieren sollte? Logischerweise kann hundertprozentige Aufmerksamkeit nicht zwischen zwei Gedanken oder Handlungen geteilt werden. Volle Konzentration erfordert null Ablenkung.

Ein köstlicher Nachtisch

Was tun wir, wenn wir uns noch mehr konzentrieren wollen? Warum schließt Du Deine Augen, wenn Du ein köstliches Dessert probierst? Warum schließen wir bewusst andere Sinne aus, wenn wir ein Aroma genießen möchten? Liegt es nicht an der Konzentration?

Sehen

Kannst Du jetzt alle Dinge in Deinem Zimmer gleichzeitig sehen? Nein? Warum haben wir nur zwei Augen, die vorne an unserem Kopfes sind? Warum haben wir nicht vier? Warum bewegen sie sich nicht unabhängig voneinander wie die eines Chamäleons? Es hat alles mit Fokus zu tun. Es wurde angenommen, dass wir uns nur auf eine begrenzte Anzahl von Dingen konzentrieren können. Wir können uns jedoch immer nur auf eine Sache voll konzentrieren.

Hören

Es ist richtig, dass wenn wir über das Hören sprechen, wir die Fähigkeit haben, viele Dinge gleichzeitig zu hören. Versuche jedoch, zwei Personen gleichzeitig zuzuhören, die über ernste Probleme sprechen und darauf zu reagieren. Gelingt Dir das? Vielleicht stellst Du fest, dass es unmöglich ist, so etwas zu tun, es sein denn Du hast eine besondere Begabung.

Eins nach dem Anderen

Warum können wir uns immer nur auf eine Sache konzentrieren? Lass uns das Multitasking, auf das manche Leute so stolz sind, vergessen. Wenn wir uns 100 Prozent konzentrieren, muss es immer nur auf eine Sache sein. In dem Moment, in dem wir uns auf zwei Dinge konzentrieren, ist unsere Aufmerksamkeit geteilt - fünfzig Prozent auf die eine Sache und fünfzig Prozent auf die andere. Das ist doch logisch, nicht wahr? Natürlich können wir behaupten, dass wir uns auf mehrere Aspekte derselben Sache, die wir tun, konzentrieren. Wenn ich mir zum Beispiel ein Auto anschaue, kann ich die Farbe und die Form gleichzeitig sehen. Das gleiche Prinzip gilt für den Tastsinn und alle anderen Sinne. Wir sind die Summe all unserer Gedanken, Neigungen, Bestrebungen, und Aufmerksamkeiten, weil sie unseren Fokus bestimmen.

Normalerweise konzentrieren wir uns auf das, was uns wichtig ist. Das ist der Grund warum so viel Aufwand für den Aufbau einer großartigen Familie, sozialen Netzwerks oder Sicherheit aufgewendet wird. Wir wollen keine Zeit mit Dingen verschwenden, die uns egal sind. Es ist Dein Leben und Du bist dafür verantwortlich.

Wir können uns dazu entscheiden, uns nur auf die Dinge, die für uns relevant sind, zu konzentrieren. Wie wir in der Theorie der Entscheidungen und Wahlmöglichkeiten lesen können, sollten wir weise Entscheidungen treffen.

Wenn jemand oder etwas Unerwünschtes versucht Deine Aufmerksamkeit auf sich zu ziehen, hast Du jedes Recht, dieser Person oder diesem Ereignis Deine Zeit und Energie zu verweigern. Wir sollten es vermeiden, Menschen, mit denen wir nichts zu tun haben, Gefallen zu tun. In dem Moment, in dem wir uns konzentrieren, beginnen wir unsere Energie auf etwas zu lenken. Machen wir es so positiv wie möglich, denn das, auf das wir uns konzentrieren, wird wachsen und sich vermehren.

Zu merken von der Theorie des Fokus

1. Wir können uns immer nur auf eine Sache konzentrieren.

2. Wir sind die Summe all unserer Gedanken, Neigungen, Bestrebungen und Aufmerksamkeiten durch unseren Fokus.

3. Konzentrieren wir uns nur auf das, was uns wichtig ist.

4. Fokus bedeutet, dass wir unsere Energie nutzen. Das, worauf wir uns konzentrieren, wächst und vermehrt sich.

5. Sich auf das zu konzentrieren, was man nicht will, bedeutet Zeit- und Energieverschwendung.

THEORIE 28

Die Theorie der spirituellen Ernährung

Was gibst Du Deinem Körper?

Wir wissen, dass wir Energie brauchen, um leben zu können. Die meisten von uns essen, um Energie zu gewinnen. Wir treiben Sport, um diese Energie aktiv und lebendig zu halten.

Es gibt viele Entscheidungen, die wir in Bezug auf den Essenskauf treffen können. Wir können Süßigkeiten essen, die uns trösten und uns einen Energieschub geben. Eine andere Möglichkeit ist, anregende Getränke oder Alkohol zu sich zu nehmen. Du kannst viel Fleisch oder Gemüse konsumieren, wenn Du magst.

Alle Nahrung, die wir in uns aufnehmen, wirkt sich auf den Körper aus. Das ist der Grund, warum einige von uns mehr Krankheiten erleiden als andere.

Es gibt sogar Menschen, die ihren Körper mit falschem Essen vergiften. Die Einnahme von Medikamenten oder Drogen und das Rauchen wirken sich negativ auf den Körper aus. Wenn wir einen gesunden Körper haben wollen, müssen wir uns logischerweise für eine gesunde Ernährung entscheiden. Die Geschäfte sind voller verlockender Entscheidungen, die wir annehmen oder ablehnen können. Oft scheint es scheint so, als ob die Menschen so ziemlich alles essen, ohne über ihre Gesundheit nachzudenken. Das liegt daran, dass sie nicht wissen, dass Essen auch in spiritueller Hinsicht wichtig ist. Ihr Körper braucht die richtige Nahrung, um geistig zu gedeihen.

Wenn Du auf einer höheren Frequenz bleiben möchtest, dann wird vegetarische Ernährung dringend empfohlen, solange es viel davon gibt. Fleisch ist Gemüse geistig unterlegen und bringt den Körper auf eine niedrigere Frequenz.

Wähle das richtige Essen. Du musst anfangen, Dein spirituelles Wissen zu erweitern, damit Du Dich auf die beste Existenz im Physischen vorbereitest. Wenn Du ein langes und gesundes Leben haben möchtest, ist es logisch, dass Deine Nahrung sehr sorgfältig ausgewählt sein muss.

Was steckst Du in Deinen Verstand?

Ich kann so vorsichtig sein, wie ich will, mit dem was ich in meinen Körper stecke, aber wenn ich meinen Geist mit den falschen Impulsen und Stimuli füttere, kann ich davon geistig nicht profitieren. Wovon rede ich? Es wurde bereits gesagt, dass viele weitgehend akzeptierte Standards oder Gewohnheiten uns geistig festhalten.

Wie kann ich mich zu höheren Seinszuständen bewegen, wenn ich nur Schlechtes schaue oder lese?

Warum müssen die sogenannten „besten" Filme oder Romane Gewalt zur Schau stellen? Kann ich am Ende meines Lebens in den Himmel kommen, wenn ich jede Nacht meines physischen Lebens Gewalt in mein Gehirn gebracht habe? Wird meine Seele die Frequenz des Himmels erreicht haben? Verwenden wir einfach unsere Verstand, um diese Fragen zu beantworten. Kaum? Es ist praktisch unmöglich!

124

Wie wäre es, wenn Du Deinem Vater dabei zusehen würdest, wie er sein Geschäft aufbaut? Wie würde es Dir gefallen von ihm zu lernen, wie man mehr Geld verdient, indem man nicht alle Steuern zahlt? Glaubt Du, dass solche Menschen in den Himmel kommen? „Wenn man ein bisschen hier und ein bisschen da stiehlt, wird man reich," sagt er. „So wirst Du ein gutes Leben haben." Stimmt das? Wie wird es wohl mit meinem Leben nach dem Tod stehen? Niemand weiß das und keiner interessiert sich dafür.

Was steckst Du in Deine Seele?

Das Kniffligste und Komplexeste von allen ist unsere Seele. Meine Seele ist alles, was ich bin. Wie ernähre ich mich? Ich kann es am besten sehen, wenn ich anfange zu beobachten, was von innen kommt. Die Reize von außen sind bei der Seelenbetrachtung weniger relevant. Natürlich kann sie auch von außen beeinflusst werden aber nur, wenn ich es zulasse. Bin ich zufrieden mit dem, was ich mir selber und allen anderen zeige? Gefällt mir die Person, die ich bin? Bin ich, wer ich sein möchte? Was muss ich machen, um dem Himmel näher zu kommen? Welche Art von Seelen gehen dorthin? Was muss aus mir kommen, um eine von ihnen zu werden?

Wir wissen bereits, dass der beste Ort im Universum mit reiner Güte, Nächstenliebe und Großzügigkeit gefüllt ist. Es ist ein Ort, an dem Negativität niemals überleben würde. Sind dies die Dinge, mit denen Deine Seele gefüllt ist? Bravo! Du bist bereit für den Himmel!

Zu merken von der Theorie der spirituellen Ernährung

1. Wenn wir gesunde Körper haben möchten, müssen wir sie gesund ernähren.

2. Wenn wir einen erleuchteten Geist haben wollen, müssen wir ihm erhellende Informationen geben.

3. Wenn wir daran interessiert sind, unsere Seelen in den Himmel zu bringen, müssen wir den richtigen Standard erreichen.

4. Sei Dir bewusst, dass Du selbst auswählst, was Du verwendest, um alle drei Aspekte von Dir zu füttern.

THEORIE 29
Die Theorie der Anziehung

Kann ich Dinge anziehen?

Du hast wahrscheinlich bereits gehört, dass Du Dinge, Situationen oder Menschen entweder absichtlich oder unwissentlich anlocken können.

Der Missbrauch dieses Gesetzes führt zu vielen unerwünschten Ergebnissen für uns Menschen. Im Jahr 3022 haben wir durch Versuch und Irrtum gelernt, auf was wir uns konzentrieren sollten und was wir ignorieren sollten. Vielleicht kennst Du den berühmten Spruch von Horace „Carpe Diem" oder „Nutze den Tag". Er wusste schon in der Römerzeit, dass es am besten ist, im Jetzt zu leben. Konzentrieren wir uns voll und ganz auf das, was wir jetzt machen. Lass Dir von niemandem und nichts die Aufmerksamkeit nehmen. Gestern ist vorbei und wir können die Zeit nicht zurück drehen. Morgen ist noch nicht da, also können wir dort auch nicht leben. Wir können immer nur hier und jetzt leben. Heute ist der Tag.

Wenn wir die Energie der Liebe und der Konzentration kombinieren, können wir schneller Ergebnisse schaffen. Fühle Dich frei, die Theorie der Liebe erneut zu lesen, um mehr darüber zu erfahren. Was sind Deine Ergebnisse? Sie sind alle Deine Herzenswünsche.

Meister können das tun

Nur die Meister des Universums haben die Fähigkeit, sich auf alles gleichzeitig zu konzentrieren. Sie können Energien aus dem Äther

127

anzapfen, auf die sie sich auf kosmischer Ebene konzentrieren wollen. Auch wir haben diese Fähigkeit, obwohl wir mehr Zeit brauchen, um zu lernen mit so sanften und präzisen Energien arbeiten zu können.

Warum sind wir in dieser Schöpfung?

Was können wir hier bewirken? Wir sind in dieser Schöpfung, um einen Beitrag zu leisten und uns daran zu erfreuen. Wir müssen lernen, zu erkennen was wir wollen und wie wir es bekommen können. Die meisten Menschen wollen einfach glücklich sein. Dieser Geisteszustand kann durch bewusste Anstrengung und Arbeit erreicht werden. Wenn Arbeit Dich glücklich macht, dann wirst Du hervorragende Ergebnisse erzielen.

Was wollen wir noch? Wie können wir beitragen? Was wird Dein Vermächtnis sein, wenn Dein Körper tot ist? Was wirst Du für zukünftige Generationen hinterlassen? Wie wirst Du diese Welt zu einem besserem Ort für gemacht haben? Wirst Du bessere Systeme und Produkte erstellt haben oder sauberere Meere und Luft?

Es ist einfacher, Menschen anzuziehen als leblose Objekte. Auch ist körperliche Anstrengung immer nötig. Du kannst die Lotterie nicht gewinnen, wenn Du kein Ticket kaufst.

Zu merken von der Theorie der Anziehung

1. Wir ziehen Menschen und Dinge an, indem wir uns auf sie konzentrieren.

2. Wir können nur in diesem Moment leben.

3. Die Kombination von Liebe und Fokus liefert schnelle Ergebnisse.

4. Lasst uns nicht nur träumen, sondern auch handeln, um die Ergebnisse unserer Bemühungen zu sehen.

THEORIE 30
Die Verdiensttheorie

Alles muss verdient werden

Eine der Säulentheorien in diesem Buch ist die Verdiensttheorie. Wusstest Du, dass alles, was Du jemals bekommst, verdient sein muss? Man könnte zwar argumentieren, dass wenn wir in einer reichen Familie geboren wurden, dass wir nicht alles verdient hätten. Das ist allerdings ein Missverständnis. Du würdest niemals in der Familie sein, wenn Du es nicht verdient hättest. Es kann in der Form einer Prüfung sein, aber jeder bekommt immer die besten Voraussetzungen, um die eigene Seele zu entwickeln.

Du kannst das Universum nicht betrügen

Im Physischen gibt es einen Weg, die universellen Gesetz zu überlisten und manche Leute haben es früher gerne gemacht. Sie haben zu diesem Zweck Geld verwendet. Sie glaubten dass, sie etwas verdient hätten, wenn sie für bezahlten. Dies ist wieder eine leichte Fehlinterpretation, die teilweise richtig und teilweise falsch war. Ja, Du kannst alles kaufen, wenn Du genug Geld hast, um es zu bezahlen, aber das Universum geht tiefer. Wie bist Du an Dein Geld gekommen? Hast Du durch Deine bezahlte Arbeit einen Beitrag zur Gesellschaft geleistet oder hast Du eine Bank ausgeraubt? Hast Du alle Steuern bezahlt oder hast Du eine Gesetzeslücke ausgenutzt? Hast Du einen Dienst geleistet, um es zu verdienen, oder hast Du einer Person Schaden zugefügt? Die Beantwortung dieser Fragen kann Dir ein neues Verständnis über die Tiefe der universellen

Gesetze vermitteln. Es gibt einen großen Unterschied zwischen etwas kaufen zu können und es zu verdienen.

Ein Philosoph in Athen

Hören wir dem Philosophen zu, wie er mit einem Passanten über einen wohlhabenden Mann spricht, den sie beide anschauen.

Passant: „Schauen Sie sich den reichen Mann da drüben an! Jeder verbeugt sich vor ihm. Er muss es im Leben wirklich gut gemacht haben. Ich respektiere solche Leute."

Philosoph: „Ist es so? Was ist respektabel daran, Geld zu haben?"

Passant: „Nun, jeder will Geld haben, aber nur wenige haben es. Deswegen verdienen die es haben, unseren Respekt. Würden Sie nicht zustimmen?"

Philosoph: „Vielleicht wissen Sie nicht, dass der Mann, über den wir reden, der Anführer der Banditen ist, die viele wohlhabende Menschen ausgeraubt haben, um selbst reich zu werden."

Passant: „Oh nein! Vielleicht liege ich falsch."

Erinnere Dich an die Ebenen der Existenz

In dieser Schöpfung gibt es viele Daseinsebenen und jeder einzelne von uns befindet sich genau in diesem Moment auf einer von ihnen. Wir wohnen im Physischen, in das Seelen vieler nicht-physischer Ebenen zusammen kamen, um die Fülle der Schöpfung zu erfahren. Das ist der Grund warum einige Leute einen Beitrag zu dieser Welt leisten während andere stören, wo und wann auch immer sie können. Wir sind aufgrund von unseren Verdiensten auf unserem perfekten Niveau. Mit unserem Leben bestimmen wir, ob wir die Ebenen nach oben oder unten gehen. Wenn Du nach oben willst, musst Du Gutes tun. Lies die Theorie der spirituellen Hierarchie, wenn Du mehr dazu erfahren willst.

Ebenen des Seins

Wir können von allen Menschen lernen, d.h. sowohl von denen, die auf der gleichen Ebene wie wir stehen, oder auf einer anderen Ebene. Es geschieht durch Interesse und die Veränderung unseres Denkens und Handelns.

Eine reiche Person kann z. B. nicht verstehen, wie eine arme Person denkt und umgekehrt. Dahinter steckt eine ganze Wissenschaft. Im Großen und Ganzen konzentrieren sich diejenigen, die materiellen Reichtum haben, darauf, ihn zu haben wohingegen diejenigen, die nicht reich sind, sich darauf konzentrieren, keinen Reichtum nicht zu haben. Dies macht Sinn, nicht wahr? Lies meine Theorie der Anziehung, um mehr darüber zu erfahren.

Die meisten von uns fühlen sich im Allgemeinen wohler mit Menschen, die mit ihnen auf der gleichen Ebene sind, ob physisch oder nicht-physisch.

Schauspieler lieben es, mit Schauspielern zusammen zu sein, Anwälte mit Anwälten und Ärzte mit Ärzten. Sie empfinden ein Zugehörigkeitsgefühl. Menschen mögen mit denjenigen zusammen zu sein, die sie verstehen, die gleiche oder ähnliche Probleme zu lösen haben und die ihre Zeit mit gleichen Dingen verbringen.

Im Nicht-Physischen gedeihen wir in der Gegenwart der Menschen, die uns Dinge geben, wenn wir großzügig sind oder die uns unterstützen, wenn wir selber unterstützen. Wir würden es nicht mögen, wenn wir für Freundlichkeit mit Unhöflichkeit bezahlt würden. Wir können uns jedoch für die anderen Ebenen öffnen, um mehr von ihnen zu lernen.

Ich erinnere mich an einen Nachbarn, der mir früher viel Negativität geschickt hat. Ich habe mich bewusst dafür entschieden, besser zu sein und ihm nicht auf die gleiche Weise zurückzuzahlen. Diese Art von Aktion wurde durch das Universum bemerkt, und ich passierte einen spirituellen Meilenstein als „meine Seele auspackte."

Handlungen garantieren Ergebnisse

Die Verdiensttheorie gilt für das Positive als auch das Negative. Sie schreibt vor, dass wir das tun müssen, was nötig ist, um die entsprechenden Belohnungen zu verdienen. Gutes schafft Gutes, Böses schafft Böses.

Wenn ich ein Unternehmen gründe, das mir hilft, Milliardär zu werden, dann habe ich es verdient, einer zu sein. Wenn ich diejenigen, die mir beim Aufbau meines Unternehmens geholfen haben, respektierte und belohnte, werde ich doppelt belohnt.

Wenn ich Leute ausgetrickst habe, um Milliardär zu werden, dann werden meine Gewinne nur ein Leben lang halten. Wenn ich einer Person etwas wegnehme, sind die Folgen negativ, und ich werde im Jenseits zurückfallen. Lass Dir nicht einreden, dass Du mehr Schaden anrichten könntest ohne dafür zu bezahlen. Wenn ich zwei Leuten etwas wegnehme, gehe ich doppelt unter. Wenn ich jemandem einer Million wegnehme, werde ich mich millionenfach erniedrigen.

Es funktioniert wie ein Thermometer. Ich kann es anhand eines einfachen Beispiels veranschaulichen. Für jede Person, der Du hilfst, steigst Du eine Stufe auf, und für jede Person, der Du Schaden zufügst, steigst Du eine Stufe ab. Wir können in dieser Schöpfung nichts verheimlichen. Die Gesetze sind so perfekt und präzise, mit einer solchen Gerechtigkeit gestaltet, dass es vor den Folgen unseres Handelns kein Entkommen gibt. Jede Ebene über Null ist gut oder positiv und alle Ebenen darunter sind schlecht oder negativ. Wo ich lebe, ist mir überlassen.

Zu merken von der Verdiensttheorie

1. Alles, was wir jemals bekommen, muss verdient werden.

2. Wir können von jeder Person auf jedem Niveau lernen.

3. Diejenigen, die materiellen Reichtum haben, konzentrieren sich darauf, ihn zu haben und diejenigen, die ihn nicht haben, konzentrieren sich darauf, ihn nicht zu haben.

4. Handlungen garantieren Ergebnisse.

5. Wenn ich zehn Menschen helfe, bekomme ich dafür entsprechende spirituelle Belohnungen. Aber wenn ich tausend Menschen Schaden zufüge, wird mein geistiger Schaden tausendfach stärker.

6. Wir können in dieser Schöpfung nichts verheimlichen.

THEORIE 31
Die Theorie der Liebe

Was ist Liebe?

In vielen christlichen Ländern haben wir bereits gehört, dass Gott Liebe ist. Die Bibel sagt in Matthäus 5:44: „Liebe auch deine Feinde." Was soll also diese Liebe bewirken? Es sieht so aus, als ob die Liebe eine große Rolle im Universum spiele. Wenn wir mit Liebe kochen, schmeckt das Essen besser. Wenn wir ein Spiel spielen, das wir lieben, vergeht die Zeit schneller. Das Universum hört auf jeden unserer Gedanken und reagiert darauf. Es hört auf die Aufregung, mit der wir Dinge tun. Es hört der Liebe zu.

Was bewirken unsere Energien?

Wenn wir Energien in das Universum senden, verbinden sie sich dort mit ähnlichen Energien und bleiben auf unsichtbare Weise mit uns verbunden.

Wir können mit Spinnen verglichen werden, die ein Netz aus Energien weben, die uns jederzeit beeinflussen.

Die Kraft der Liebe

Je mehr Dinge wir in das Nicht-Physische oder Physische bringen, desto mehr Verantwortung haben wir. Je mehr Liebe wir geben, desto geliebter werden wir. Um es besser zu veranschaulichen, stelle ich Dir einen Denkprozess vor, der das Potenzial hat, unseren Körper zu verändern. Stell Dir vor, Du würdest wie ein Mantra sagen, dass Du gesund und körperlich wohlauf bist. Idealerweise würdest Du es tun, während Du noch gesund bist, aber es kann auch getan werden, wenn Du nicht mehr gesund bist. Du weißt, dass Du gute Gefühle liebst. Es ist mehr als wahrscheinlich, dass Dein Körper diese Frequenzen absorbiert und wirklich gesund wird.

Es funktioniert auch umgekehrt. Mein lieber Freund Erik hat mir von seinem Verwandten erzählt, der sich zwei Jahre lang über Rückenschmerzen beschwerte, um finanzielle Unterstützung vom Staat zu bekommen. Nach diesen zwei Jahren fing sein Rücken wirklich an, weh zu tun. Erst tat er nicht weh und jetzt tut er es. Warum können wir uns stattdessen nicht auf das konzentrieren, was für uns gut ist?

Wer kann eine neue Maschine zum Kochen von Eiern auf beispiellose Weise erfinden? Wird es nicht jemand sein, der gutes Essen liebt und nach neuen Wegen sucht, es zuzubereiten? Wir werden für das, was wir schaffen, belohnt. Die körperlichen Belohnungen können uns viel Geld oder glückliche Kunden einbringen und die nicht-physischen Belohnungen können uns für immer glücklich machen.

Sei verantwortlich

Wenn wir etwas erschaffen, müssen wir die volle Verantwortung dafür übernehmen. Seien wir also sehr vorsichtig mit dem, was wir schaffen. Erinnerst Du Dich an die Theorie der Verantwortung und der Konsequenzen? Wenn wir etwas mit Liebe erschaffen, erschaffen wir etwas Gutes. Wir müssen uns dafür entscheiden, gute Dinge zu lieben, da sie sich im positiven Spektrum des Universums befinden.

Liebe ist eine Währung

Hast Du bemerkt, dass Liebe entspannt, heilt, beruhigt, verbessert, schützt und alles, was existiert, reinigt? Sie kann ewig verwendet werden und erntet immer die wunderbarsten Ergebnisse, weil sie eine universelle Währung ist. Liebe ist unbezahlbar, multiplizierbar und wünschenswert.

Schau Dir diejenigen an, denen es gelungen ist

Das was Du liebst, erfüllt und definiert Dich und macht Dich zu dem, was Du bist. Wenn wir uns die Menschen ansehen, die in einem Unternehmen weltweit erfolgreich waren, können wir nicht übersehen, dass sie alle etwas gemeinsam haben. Sie lieben, was sie tun oder erschaffen. Sie lieben, wer sie sind. Deshalb müssen Sänger es lieben zu singen. Fußballer müssen es lieben, Fußball zu spielen und Künstler müssen die Kunst die sie schaffen, lieben, sonst wären sie keine guten Künstler. Niemand kann Dir sagen: „Ich werde Dir Millionen zahlen, damit Du der beste Fußballer der Welt wirst. Mach es fürs Geld." Wie kannst Du es tun, wenn Du Fußball nicht magst? Das geht nicht!

Tiere tun dasselbe

Ich habe vor kurzem eine Tierdokumentation gesehen, in der ein Löwenrudel, das zusammenlebte , ein Löwenjunges verlor. Es starb bei einem traurigen Zwischenfall. Die Löwen waren hungrig, aber sie aßen ihren geliebten Verwandten nicht. Stattdessen gingen sie nacheinander zu seiner Leiche, als wollten sie sich verabschieden und verließen ihn, als er aufgehört hatte zu atmen.

Liebst Du Dein Haustier?

Stell Dir vor, Du hättest ein Haustier. Du bekommst einen Welpen oder ein Kätzchen, Du gibst ihm einen Namen und fängst an, ihn kennenzulernen. Du teilst mit ihm einen Teil Deines Lebens. Würdest Du jemals daran denken, ihn oder sie zu benutzen, um eine Suppe zum Abendessen zuzubereiten? Würde Dir diese Idee gefallen? Ich erwarte nicht, dass jemand hier zustimmen würde. Wir behandeln diejenigen, die wir lieben, so gut wie wir nur können.

Wie wäre es mit der Quelle?

Stellen wir uns den Schöpfer vor, der alles erschaffen hat. Er liebt alle Tiere genau so, wie Du Deine Haustiere liebst. Halte diesen Gedanken für ein paar Sekunden in deinem Kopf. Welches Bild siehst du? Haben wir vielleicht das Recht, seine geliebten Tiere so zu behandeln wie wir es leider so oft tun? Sind sie nur Tiere? Was ist der Unterschied zwischen ihnen und uns? Sind es nicht unsere kognitiven Prozesse? Wie können wir jemals sagen, dass wir aufgrund unserer Intelligenz besser als Tiere seien wenn wir anscheinend unseren Intellekt benutzen, um ihnen zu schaden? Gefallen wir dem Schöpfer mit diesem Verhalten?

Ich werde Dich lieben bis dass der Tod uns scheidet

Stellen wir uns vor, dass die Liebe, da sie unsichtbar ist, auch ewig ist. Sie ist ein Teil unserer Seele und verlässt uns nie. Die Energie der Liebe ist zu lebendig, zu stark und zu potent, um vergänglich zu sein. Wir werden uns immer an diejenigen erinnern, die wir geliebt haben und auch an diejenigen, die uns geliebt haben. Das kann bereits in dieser Welt gesehen und gefühlt werden. Erinnerst Du Dich an Deine erste Liebe oder das erste Verliebtsein? Liebst Du immer noch Deine verstorbene Verwandte? Wir erinnern uns an Menschen, mit denen wir großartige Beziehungen hatten. Liebe ist die beste Beziehung, die wir haben können.

Die Geschichte beweist, dass Liebe wichtig ist

Die Liebe ist so stark, dass Könige ihre Königreiche dafür verließen. Dies war der gut dokumentierte Fall des britischen Monarchen, Eduard VIII, der im Jahr 1936 freiwillig auf den Thron verzichtete, um eine geschiedene amerikanische Frau zu heiraten, die er so sehr liebte.

Zu merken von der Theorie der Liebe

1. Liebe ist universell.

2. Wenn wir lieben, was wir tun, ist der Erfolg garantiert.

3. Liebe entspannt, heilt, beruhigt, verbessert, schützt und reinigt alles, was existiert.

4. Was wir lieben, erfüllt und definiert uns und macht uns zu dem, was wir sind.

5. Auch Tiere zeigen und empfinden Liebe.

6. Der Schöpfer liebt alles, was er geschaffen hat, noch mehr als Du Dein Haustier liebst.

7. Liebe ist die beste Beziehung, die wir haben können.

THEORIE 32

Die Theorie der drei Musketiere

Inspiration

Ich liebe das Meisterwerk über die drei Musketiere, das der französische Autor Alexandre Dumas 1844 geschrieben hat. Er hat uns auf seine wunderbare Weise die universelle Regel der Einheit vorgestellt.

„Alle für Einen und Einer für Alle!"

Wie wunderbar muss es für alle Menschen sein, so zu leben. Dieses Motto wurde im Laufe der Jahrhunderte auf mehreren Ebenen praktiziert, aber niemals vollständig. Deshalb müssen wir seine ewige Bedeutung verstehen lernen.

Alle Mitglieder des Universums haben zugesagt, alle anderen zu unterstützen. Dies wird in der Zukunft in noch stärkerem Maße der Fall sein. Vielleicht ist es an der Zeit, die Samen dafür bereits jetzt zu säen. Es ist der einzige Weg für uns alle gemeinsam zu gedeihen.

Einige andere Zivilisationen

Ist Dir schon aufgefallen, wie zersplittert unser Planet seit Jahren ist? Wusstest Du, dass viele andere Planeten anders sind? Sie hoben

Grenzen auf, änderten Gesetze, vereinheitlichten alle Nationen zu einer und haben keine Probleme mit Steuern oder Umzügen in irgendeinen Teil ihres Planeten, ganz egal ob der Umzug wegen der Arbeit oder aus einem anderen Grund stattfindet. Sie haben eine zentrale Regierung, eine Hauptsprache, eine Währung und ein einheitliches Rechtssystem. Ich sage nicht, dass dies auf unserer Erde bald der Fall sein sollte, aber es lohnt sich, die Vorteile, die ein solches System mit sich bringen könnte, zu berücksichtigen.

Diese anderen Zivilisationen sind einem Bienenstock oder einem Ameisenhaufen ähnlich geworden. Sie leben nicht nach dem Motto, dass wenige Leute viel haben und andere Leute zu wenig. Das Argument, dass ihre Zivilisation älter als unsere sei, macht für mich Sinn. Wir können uns auch bemühen, voranzukommen. Diese Idee hat nichts mit Globalisierung oder mit billigeren Arbeitskräften und Ressourcen zu tun. Warum ist zum Beispiel die Europäische Union überhaupt entstanden? War es nicht, um allen ihren Einwohnern Vorteile zu verschaffen?

Vor tausend Jahren drehte sich im Leben viel um „Ich gehe zuerst und dann gehen alle anderen". Was sollten wir tun, um zum besten Ort im Jenseits zu gelangen?

Kann ich das allein machen?

Wenn ich nicht bereit bin, meine eigene Toilette zu putzen, mein eigenes Essen anzubauen und zu kochen, meine eigenen Klempnerarbeiten zu machen, mein eigenes Haus zu bauen, mich selbst zu operieren und meine Kinder zu unterrichten, kann ich das nicht alleine tun. Wir sind voneinander abhängig. Solange niemand diese Abhängigkeit ausnutzt, sind alle spirituell rein.

Wir können mit anderen zusammenarbeiten. Was wir mehr brauchen als alles andere ist die Wertschätzung des Beitrages, den unsere

Mitmenschen leisten. Wenn sie nicht für uns da wären, hätten wir alle viel mehr zu tun.

In dem Moment, in dem wir alle Ungleichheiten beseitigen, Grenzen öffnen, Länder verbinden und unsere Zivilisation vertiefen, werden wir auf ewigen Pfaden schneller vorankommen. Solange jeder es für sich selbst tut, werden wir uns nur wenig vorwärts bewegen. Wenn der eine gegen den anderen anrennt, treten Stagnation oder Rückwärtsbewegungen ein.

Denken wir auch über die Gründe nach, warum wir das tun, was wir tun. Warum tust du, was Du tust? Warum verhältst Du Dich so? Warum willst Du einen Partner haben? Warum hast Du diesen Glauben? Warum ist Deine Einstellung so oder so?

Zu merken von der Theorie der drei Musketiere

1. In Zukunft werden wir alle nach dem Prinzip des „Einen für Alle und Alle für Einen" leben.

2. Es ist nicht gut für unsere ewige spirituelle Zukunft, uns so zu verhalten, als ob wir wichtiger wären.

3. Wir können nicht alles im Leben tun. Es ist einfacher mit anderen zu kooperieren.

4. Wenn wir zusammenarbeiten, kommen wir schnell voran. Wenn wir getrennt sind, bewegen wir uns langsamer. Wenn wir miteinander konkurrieren oder einander Schaden zufügen, stagnieren wir oder bewegen uns rückwärts.

THEORIE 33

Die Theorie unserer Heiligkeit

Alle Menschen sind heilig

Wenn wir uns ansehen, was die alten Bewohner dieses Planeten geglaubt haben, können wir sehen, dass sie viele Dinge, Menschen und Tiere in höchsten Wertschätzung hielten. In Griechenland waren die Meere heilig; in Ägypten und Indien die Tiere; auf der ganzen Welt kannte man Ehrfurcht vor verschiedenen Geschöpfen.

Überraschenderweise scheint diese Ehrfurcht mit der Zeit zu verschwinden, als wäre sie durch wissenschaftliche Experimente auf der Grundlage von Messungen und Tests nicht nachgewiesen.

Unsere Heiligkeit ist eine Theorie, die das Potenzial hat, Beziehungen zwischen Familien- und Gesellschaftsmitgliedern zu verbessern. Sie ähnelt dem, was Jesus lehrte, und wird in der Theorie der zwei Fragen beschrieben. Wie würde ich jemanden behandeln, wenn ich wüsste - nicht nur meinte - dass er oder sie heilig sind? Würde ich diese Person nicht verehren, wertschätzen, belohnen, unterstützen, zufrieden stellen oder ihnen das Allerbeste geben?

Ich würde wissen, dass sie hier ist, um mir Gutes zu tun. Ich wüsste, dass der Schöpfer, beschrieben in der Theorie der höheren Macht, diese Person aus einem bestimmten Grund hierher geschickt hat. Also habe ich kein Recht, sie auf irgendeine andere Weise als auf die positivste zu behandeln.

Wir sind alle heilig

Wir alle verdienen, auf die bestmögliche Weise behandelt zu werden. Unsere Heiligkeit kommt aus der Quelle selbst. Die Quelle ist heilig, nicht wahr? Wir alle haben einen Funken des Schöpfers in uns – unsere Seelen. Sie sind ewig und unsterblich und können daher nicht getötet oder verletzt werden. Nur der Körper kann von draußen verletzt werden. Innerlich verletzt zu werden, ist eine persönliche Entscheidung.

Wir sind alle unbezahlbar

Es gibt nicht genügend Geld auf der Welt, um für irgendjemanden zu bezahlen. Wie viel ist ein Leben wert? Kannst Du Dir für Geld ein zweites kaufen? Kannst Du Dir mehr Zeit auf dieser Welt kaufen? Von wem? Wie?

Eine Seele befindet sich im Physischen, um sich einem Reinigungsprozess durch das physische Leben zu unterziehen. Während dieses Prozesses reift sie. Sie sammelt Erfahrungen und lernt, ein Wesen zu werden, das mit reinem ewigen Licht erfüllt ist. Es ist ein Prozess, der Milliarden, Billionen oder Billiarden von Jahren dauern kann. Jeder bestimmt die Länge der Zeit für sich selbst.

Diejenigen, die eine höhere Ebene der Existenz erreicht haben, senken sich nie wieder ab. Die universellen Gesetze sind ihnen bekannt und sie halten sich streng an sie, da sie kein Interesse an solchen Dingen haben, die auf den unteren Ebenen der Schöpfung geläufig sind. Sie waren bereits dort und haben aus dieser Erfahrung gelernt. Die am meisten Entwickelten bleiben dauerhaft im Nicht-Physischen, da das Physische ihnen nichts mehr zu bieten hat. In dem Moment, in dem jeder einzelne von uns anfängt, alle anderen wie Heilige zu behandeln, werden wir den Himmel auf Erden haben.

Zu merken von der Theorie unserer Heiligkeit

1. Wir alle sind heilig.

2. Wir sind hier, um uns einem Reinigungsprozess durch eine körperliche Lebenszeit zu unterziehen, in denen unsere Seele reift, Erfahrungen versammelt und lernt, mit reinem ewigen Licht gefüllt zu werden.

3. Wir sind unbezahlbar.

4. Diejenigen, die die höheren Ebenen des Verstehens erreicht haben, erniedrigen sich nicht mehr durch Übertretungen der universellen Gesetze.

5. In dem Moment, in dem jeder von uns alle anderen wie Heilige behandelt, werden wir im Himmel auf der Erde haben.

THEORIE 34

Die Theorie der Erhaltung des Planeten

Frühere Generationen haben es vorgemacht

Jede Generation trägt zum Leben der nächsten bei. Wir haben also einen Lebensstil geerbt, der es uns ermöglicht, in warmen Häuser zu leben, fließendes Wasser zu haben und alle modernen Annehmlichkeiten zu genießen. Unsere Vorfahren hinterließen uns einen unberührten Planeten, frei von Umweltverschmutzung, Chemikalien, Abfall, Giften und anderen gesundheits- bzw. umweltschädlichen Stoffen. Wir sollten ihnen dankbar dafür sein, dass sie von Anfang an so tolle Arbeit geleistet haben.

Fragen zum Nachdenken

Was machen wir heutzutage? Benehmen wir uns so, dass unsere künftige Generationen dasselbe über uns sagen können? Werden sie uns für die großartige Arbeit danken, die wir für sie geleistet haben? Oder sollten wir uns vielleicht nicht darum kümmern, was wir ihnen für die Zukunft hinterlassen? Sollen unsere Kinder wirklich unser Chaos beseitigen?

Wahrscheinlich küsst Du Deine Kinder und sagst ihnen, dass Du sie liebst und dass Du alles für sie tun würdest. Danach verschmutzt Du die Umwelt, zerstörst die Wälder und produzierst Produkte, die Hunderte von Jahren brauchen, um sich nach dem Gebrauch zu zersetzen. Wenn wir Kinder haben wollen, können wir genauso gut anfangen, diese Arten von Gedanken zu denken. Können wir verantwortungsvoller sein?

Das vierte Jahrtausend

Jetzt im Jahr 3022 sind alle Chemikalien und künstlichen Produkte 100% biologisch abbaubar. Für uns macht es Sinn. Wir möchten, dass die Kinder unserer Urenkel das Leben auf diesem Planeten genauso genießen können wie wir. Wir glauben, dass es unsere Pflicht sei, die Umwelt sauber zu halten, weil unsere Vorfahren sich große Mühe gegeben haben, dasselbe für uns zu tun.

Wenn die Hauptmotivation für unser Handeln nur materielle Gewinne wären, würden wir in der Tat in große Schwierigkeiten geraten. Die Welt hätte bereits zerstört werden können. Die natürlichen Ressourcen wären erschöpft, die Tiere abgeschlachtet worden und der Planet hätte größte Mühe gehabt, sich zu regenerieren.

Die Bewohner anderer Planeten haben uns erzählt, dass sie bereits so leichtsinnig waren und den Preis dafür bezahlt haben. So weit sind wir noch nicht, also können wir von ihnen lernen und es ganz vermeiden. Wir wollen den Planeten nicht mit etwas verschmutzen, das Tausende von Jahren braucht, um sich aufzulösen, wie es in der Theorie der Verantwortung und der Konsequenzen beschrieben wurde.

Glücklicherweise sind wir uns alle bewusst, dass wir unseren Teil dazu beitragen müssen, dass unsere Städte, Länder, Kontinente und unser Planet so rein und unberührt wie möglich bleibt. Dies wird sich auf jede einzelne zukünftige Generation auswirken und es gibt auch geistige Belohnungen.

Zu merken von der Theorie der Erhaltung des Planeten

1. Wir haben Pflichten gegenüber zukünftigen Generationen.

2. Unsere Vorfahren haben uns einen sauberen Planeten hinterlassen.

3. Wir können uns dafür entscheiden, 100% biologisch abbaubare Produkte herzustellen.

4. Wir können die von uns verursachten Umweltprobleme lösen, während wir hier sind, anstatt sie an unsere Kinder weiterzugeben.

THEORIE 35
Die Theorie über den Sinn des Lebens

Was kann das sein?

Wir können uns dazu entscheiden, im Körperlichen alles richtig zu machen. Dies kann als Sinn des Lebens verstanden werden. Was bedeutet das? Es bedeutet, im Physischen so zu leben, dass es für uns von Vorteil ist, sowohl während wir hier sind und auch, wenn wir diese Erde verlassen. Wenn wir unsere ewige Existenz nicht ernst nehmen, laden wir vielleicht noch mehr Lasten auf unsere Schultern oder lassen uns auf geistiger Ebene zurückfallen.

Nur ich kann es tun

Wir müssen uns bewusster werden, wie das Universum funktioniert und worum es im Leben geht. Du hast vielleicht bemerkt, dass ich Dir nicht sage, was Du genau tun sollst und ich werde Dir auch erklären, warum. Ich bin nicht Du und kann daher nicht für Dich über Dein Leben entscheiden. Ich kann Dir nur die allgemeinen Wahrheiten sagen. Du allein hast das Recht und die Pflicht, Deine Erfahrungen auszuwählen.

Es gibt Folgen, die wir uns vielleicht nicht wünschen. Sie müssen nicht notwendigerweise physisch zu sehen sein oder im Physischen gefühlt werden. Das Universum ist sehr streng, aber es ist auch unglaublich gerecht.

Gerechtigkeit ist eines der höchsten Gesetze

Achten wir auf das Netz unserer Gedanken, das wir weben, damit wir mit uns selbst und dem, was wir erschaffen, vollkommen zufrieden sind.

Es ist eine gute Idee, unseren Kindern unsere neue Lebensweise beizubringen, damit sie ohne Erbsünde weitergegeben werden kann. Es ist höchste Zeit, dass wir sie ein für alle Mal loswerden.

Wir können endlich unsere Fähigkeiten nutzen, um alle unsere Zeitgenossen so positiv wie möglich zu behandeln, damit wir alle vom Zusammensein im Physischen und im Jenseits profitieren.

Das Universum ist unglaublich gerecht. Es wird unsere Taten stillschweigend aufzeichnen und wenn wir die Gesetze nicht kennen, werden wir es nicht einmal bemerken bis wir die Konsequenzen zu spüren bekommen. Können wir sie vermeiden? Es gibt keinen Weg außer durch göttliche Intervention. Wenn wir es nicht schaffen, das Göttliche einzubeziehen, können wir das, was wir getan haben, nicht ungeschehen machen. Noch besser wäre es, gar nichts ungeschehen machen zu müssen.

Das Zeitalter der Erleuchtung

Wenn die Meere wieder voll von Fischschwärmen sind, wenn der Himmel mit Vogelschwärmen gefüllt ist, wenn die Erde einen erleuchteten Menschen nach dem anderen hat, wird ein Wunder geschehen. Die Erleuchteten werden den ganzen Planeten beeinflussen, der wiederum selbst erleuchtet werden wird. Ja, es gibt eine direkte Verbindung zwischen den Menschen und dem Planeten, wie die alten Kulturen nur zu gut wussten.

Es gibt einen Grund, warum es elektromagnetische Wellen in unserem Körper, dem Planeten und dem Universum gibt. Wenn jeder einzelne Planet mit allen intelligenten Wesen, die auf ihm leben, erleuchtet wird, wird das ganze Universum endlich erleuchtet sein. Es wird eine Zeit der absoluten Glückseligkeit, beispiellos und für uns praktisch unvorstellbar sein. Ein bisschen davon habe ich schon gesehen. Es ist unbeschreiblich und ungeheuer schön. Dies ist die Zukunft der Schöpfung und für uns.

Suche und Du wirst finden

Welchen Sinn hat Dein Leben? „Sucht, und ihr werdet finden", sagt die Bibel in Matthäus 7,7-8. „Klopft an, und euch wird die Tür geöffnet." Du wirst immer das bekommen, worum Du bittest. Wir können immer um das Beste bitten. Wir können uns auch dazu entscheiden, nur das Beste zu akzeptieren. Lasst uns eine neue Norm in dieser Welt aufstellen. Es wird uns allen gefallen.

Zu merken von der Theorie über den Sinn des Lebens

1. Es richtig zu machen, ist eine gute Wahl für ein sinnerfülltes Leben.

2. Gerechtigkeit ist eines der höchsten Gesetze der Schöpfung.

3. Wir sollten nur das Beste akzeptieren.

4. Es gibt eine direkte Verbindung zwischen den Bewohnern eines Planeten und dem Planeten selbst. Ihre Energien beeinflussen den Planeten und die gesamte Schöpfung.

THEORIE 36
Die Theorie der zwei Pralinen

Das grundlegende Gesetz des Gebens und Nehmens

Ich habe diese Theorie aufgestellt, indem ich die Reaktion von zweien meiner Freunde beobachtet habe. Sie basiert auf dem Geben und dem Nehmen, also einem der Grundgesetze des Universums.

Ein Tag in Brasilien

Eines Tages nahm ich zwei Stücke Schokolade mit, als ich spazieren ging, weil ich wusste, dass ich unterwegs Leute treffen würde, denen ich sie schenken möchte. Allerdings wusste ich zu Anfang meines Spaziergangs noch nicht, wer diese Leute sein würden. Siehe meine Theorie der Unbekannten Zukunft, um zu lesen, wie man sich auf solche Ereignisse vorbereiten kann.

Auf meinem Weg sah ich einen Freund, Alex, der in einer kleinen Stadt in Minas Gerais Haushalte mit einem Motorrad belieferte. Ich hatte ihn kurz zuvor kennengelernt und wir kamen ins Gespräch, weil er gut Englisch sprach. Nach dem üblichen Händedruck und ein paar Floskeln, die Freunde austauschen, wenn sie sich treffen, reichte ich ihm meinen ersten kleinen Schokoriegel. Es war nur eine dieser Gesten die wir benutzen, um zu sagen: „Schau mal, ich mag Dich so sehr, dass ich Dir etwas schenke." Seine Reaktion war wunderbar. Da er nichts erwartet hatte, leuchteten seine Augen vor

Freude und Glück. Ich glaube, dass ihm so etwas bislang selten passiert war. Vielleicht war es war ihm sogar noch nie zuvor passiert. Er war von einer solchen Wertschätzung erfüllt, dass sie fast greifbar war. Er stammte aus bescheidenen Verhältnissen und diese Art von Geste bedeutete ihm viel. Dann trennten wir uns, da er arbeitete, und ich setzte meinen Spaziergang im Sonnenschein fort und genoss die Milde des Winters in der südlichen Hemisphäre. Ich wusste sehr wohl, dass es sich lohnt, vorausschauend zu denken und gleichzeitig großzügig zu sein, falls nötig. Mein Zufriedenheitsgrad war hoch. Ich liebe es Menschen zu beschenken. Das Schenken an sich macht mich glücklich. Wenn ich jemandem etwas schenke, um ihn glücklich zu machen, bin ich immer noch der glücklichere Mensch.

Ein paar Minuten später hielt ein großer schwarzer Mercedes neben mir am Straßenrand an. Das elektrische Fenster war heruntergekurbelt und enthüllte ein Gesicht, in dem ich sofort einen Freund erkannte. Es war sehr nett von ihm, für ein Gespräch anzuhalten. Als ich seine Hand schüttelte, hatte ich mein zweites Stück Schokolade in der Hand. Er schaute darauf und erkannte es sofort, weil es von einer guten, bekannten Marke in Brasilien war. Er nahm das Geschenk ohne zu zögern. Ich hatte meinem anderen Freund dieselbe Marke geschenkt. Allerdings gab es einen Unterschied zwischen den Reaktionen dieser beiden Menschen. Mein reicher Freund schien nicht so viel Wertschätzung zu empfinden wie die Person zuvor, auch wenn dies ein ungewöhnliches Ereignis war. Es schien ihm nicht allzu viel zu bedeuten, weil er sich wahrscheinlich ständig solche Pralinen gönnt. Nach einem kurzen Gespräch trennten wir uns.

Was habe ich daraus gelernt?

Viele Dinge habe ich gelernt. Erstens, sei immer bereit, nett und großzügig zu sein. Zweitens, wisse, dass Du normalerweise eine

Gelegenheit haben wirst, Deine Gaben bzw. Geschenke zu nutzen. Drittens, Menschen reagieren unterschiedlich auf die gleichen Reize. Ihre Reaktion auf dieselben Impulse kann eine der folgenden sein: Wertschätzung oder wenig Emotionen. Mit anderen Worten: das, was wir tun, kann für den einen unbezahlbar sein und für den anderen völlig nutzlos. Für wen würde ich mich entscheiden, wenn ich jemandem einen solchen Gefallen tue? Ich denke, ich werde diese Entscheidung sorgfältig abwägen, damit ich die größtmögliche Wirkung erziele.

Lass uns überlegen

Zahle nicht für das Konzert eines Musikers, dessen Kunst Du nicht magst. Tue, was Dir gefällt. War ich glücklich, als ich meine zwei Pralinen geteilt habe? Natürlich, sonst hätte ich es ja nicht getan! Es liegt an uns zu entscheiden, was wir tun, solange wir es nicht eines Tages bereuen. Konzentrieren wir uns auf die Dinge, die eine maximale Wirkung haben. Wenn wir das tun, werden wir hoffentlich eine bessere Lebenserfahrung haben.

Zu merken von der Theorie der zwei Pralinen

1. Geben und Nehmen sind eines der wichtigsten Gesetze im Universum.

2. Es lohnt sich, sowohl vorauszudenken als auch bereit zu sein, großzügig zu sein.

3. Entscheiden wir uns für eine maximale Wirkung.

4. Lasst uns aus unseren Erfahrungen lernen.

THEORIE 37
Die Theorie der einmaligen Chance

Wie viele Leben hast Du zu einem bestimmten Zeitpunkt?

Wie viele Verstände hast du? In wie vielen Häusern kannst Du gleichzeitig schlafen? Wie viele Autos kannst Du gleichzeitig fahren? Wie viele Sprachen kannst Du auf einmal sprechen?

Da scheint es etwas Wichtiges zu geben, das uns das Universum mit jeder Antwort auf die obigen Fragen zu sagen versucht.

Wir haben nur eine Chance, es richtig zu machen. Wir leben jetzt. Wenn wir es in diesem einen Leben falsch machen, wird dies Konsequenzen haben. Es ist nicht egal, wie gut wir es machen.

Kann ich es beim ersten Mal richtig machen?

Wir machen es nicht immer gleich beim ersten Mal richtig, weil wir vielleicht nicht wissen, wie man es 100%ig richtig macht. Wir machen Fehler, weil wir lernen. Es ist so schön, wenn unsere Freunde uns sagen: „Vergiss es einfach und tu das nie wieder! " Wir sollten aus unseren Fehlern lernen und weitermachen.
Wir dürfen nichts ignorieren.

Lektion aus dem Universum

Betrachten wir einmal, wie wir Dinge konsumieren. Wie viele Male können wir denselben Kuchen essen? Wie sieht es mit demselben Stück Pizza aus? Da gibt es etwas Einzigartiges und Schönes, wenn wir Dinge nur einmal tun können. Dies ist auch eine Lektion. Was versucht uns das Universum damit zu sagen? Welche Schlussfolgerungen können wir ziehen, die eine ewige Bedeutung haben?

Erste Eindrücke

Schauen wir uns unsere ersten Eindrücke an. Manchmal entwickeln wir Vorlieben oder Abneigungen, die darauf basieren, wie wir Menschen, Dinge und Erfahrungen zum ersten Mal wahrnehmen. Ja, es ist richtig: es geht hier darum, wie wir sie wahrnehmen und nicht darum, wie sie wirklich sind. Es ist unsere Interpretation der Realität, die unsere Realität ausmacht, nicht die Wahrheit.

Erwartungsaufbau

Was tue ich, wenn ich möchte, dass meinen Kindern eine neue Erfahrung gefällt? Dränge ich sie, diese Erfahrung zu machen? Mache ich ihnen Angst? Soll ich ihnen sagen, dass sie jeden Moment dieser Erfahrung abscheulich finden werden? Soll ich ihnen sagen, warum ich es nicht mag? Welche Emotionen würden solche Worte hervorrufen? Es ist richtig: ich würde ihnen die Erfahrung verderben. Ich würde sie abstellen. Die neue Erfahrung könnte vielleicht das Beste für sie sein, aber wenn ich es ihnen in einem negativen Licht präsentiere, werden sie höchstwahrscheinlich nie daran interessiert sein.

Stellen wir uns vor, wir wollen mit unseren Kindern ans Meer fahren. Also ich als eine intelligente Person, werde ihnen rechtzeitig sagen, was wir planen. Ich sage ihnen, wie sehr es ihnen dort gefallen wird und wie lecker das Essen dort schmeckt. Ich zeige es ihnen Bilder des Ortes, an den wir fahren. Ich sage ihnen, wie viel Spaß ich immer hatte, als ich dort war und wie ich mich darauf freue, dorthin zu fahren. Ich erinnere sie in regelmäßigen Abständen, dass der Tag näher rückt. Ich fange an, ihre Badeanzüge, Brillen und Sonnencreme zu kaufen, damit sie sehen können, dass wir uns auf eine wirkliche Reise vorbereiten. Welches Resultat wird diese Art von Erwartungsbildung haben? Natürlich werden die Kinder begeistert sein, weil sie schon jetzt wissen, dass sie das Meer lieben werden. Unsere Interpretation der Realität macht sie zu dem, was sie ist.

Eine Geschichte über einen Philosophen

Erinnerst Du Dich an die Geschichte des Philosophen, der von zwei Fremden über das Leben in Athen gefragt wurde? Ich werde es in meinen eigenen Worten nacherzählen. Am Stadtrand von Athen gibt es einen Philosophen, der unter einem Olivenbaum sitzt, wo zwei Männer nacheinander stehen bleiben, um mit ihm zu reden.

Erster Mann: Ist Athen ein guter Ort zum Leben? Sind die Leute dort gut zu einander?

Philosoph: Wie war es wo Du her kommst?

Erster Mann: Oh, da! Dort sind die Leute schrecklich! Sie hassen und betrügen sich gegenseitig. Sie sind alle Wichtigtuer! Ich will mit ihnen nichts zu tun haben!

Philosoph: Tja, hier ist es genauso, tut mir leid.

Zweiter Mann: Ist Athen ein guter Ort zum Leben? Sind die Leute hier gut zu einander?

Philosoph: Wie war es wo Du her kommst?

Zweiter Mann: Dort sind die Leute wunderbar. Sie helfen sich gegenseitig und unterstützen sich. Wenn ich könnte, wäre ich dort geblieben.

Philosoph: Nun, hier ist es genauso. Willkommen in Athen.

Wie interpretierte jeder der beiden Männer seine Realität? Man glaubt, dass unsere Lebensweise davon bestimmt wird, wie wir selbst das Leben sehen.

Sie vertreten uns alle

Jeder Mensch repräsentiert seine Art bzw. seinen Herkunftsort. Wo auch immer Du hingehst und sagst, wo Du herkommst, so werden Deine Mitmenschen denken, dass alle Leute aus Deinem Heimatort genauso sind wie Du. Sei Dir dieser Verantwortung bewusst. Du, ja Du, ausgerechnet Du vertrittst Deine gesamte Familie, die Gesellschaft, Dein Land und den Planeten als ganzes. Bist Du Dir diese Verantwortung bewusst? Stelle sicher, dass Du die beste Person bist, um sie zu repräsentieren. Würde Deine Familie, Dein Land oder Deine Kultur damit zufrieden sein, wie Du sie vertrittst?

Wenn Du zu einer Versammlung auf einem anderen Planeten eingeladen würdest, um dort über unsere Zivilisation zu reden, was würdest Du sagen? Was würden Deine Mitmenschen aus anderen Welten über den Planeten Erde denken, wenn sie Dein Verhalten und Deiner Präsentation sehen? Würdest Du uns alle stolz machen?

Wie viele Chancen haben wir?

Wie wäre es mit denen von uns, die wunderbare Mahlzeiten kochen?
Wie oft können wir jedes Mittagessen für unsere Familie kochen?
Ich rechne damit, dass Du in den meisten Fällen zustimmen wirst,
dass Du nur eine Chance hast, um das köstlichste Nahrungsmittel
für deine Lieben herzustellen.

Gleiches gilt für unsere Kinder. Wie viele Chancen haben wir, sie zu
phänomenalen Menschen zu erziehen? Ja, Du machst es jeden Tag
und trotzdem hast Du nur eine Chance, es mit ihnen richtig zu
machen. Das Endergebnis wird Dir zeigen, ob Du gute Arbeit
geleistet hast oder nicht. Eines Tages, wenn sie als Erwachsene mit
Dir reden, wirst Du es wissen. Wir wollen hoffen, dass Du immer
nur stolz auf sie sein kannst.

Dein Körper ist auch ein Beispiel, der diese Theorie bestätigt. Wie
viele Körper hast Du? Wir müssen uns gut um diesen Körper
kümmern, weil wir keinen Ersatz für ihn bekommen werden.

Schauen wir uns an, wie wir es in diesem Universum richtig machen
können. Wir bekommen jedes Leben, so dass wir nach
Selbstverwirklichung suchen können. Wie viele denken an die
ewigen Konsequenzen und wie viele von uns verstehen, worum es
in unserer Existenz überhaupt geht? Wie viele Chancen habe ich, es
richtig zu hinzubekommen? Nur eine! Dieses Leben ist eine perfekte
und einzigartige Gelegenheit, mich so sehr zu verbessern, dass meine
ewigen Umstände dies für immer widerspiegeln werden. Wenn ich
es nicht nötig hätte, mich zu verbessern, wäre ich gar nicht
hierhergekommen.

Wenn ich anfange, es falsch zu machen, muss ich das rückgängig
machen, was ich tat.

Ich werde Zeit dafür brauchen, um meine Fehler rückgängig zu machen. Um ständig und bewusst voranzukommen, sollte ich nicht dem „einen Schritt nach vorne und einen zurück" Ansatz folgen. Es richtig zu machen, kann das Einzige sein, wofür es sich lohnt zu leben. Hast Du jemals von Mönchen und Nonnen gehört, die sich vom Rest der Gesellschaft isoliert haben, um dies zu erreichen? Sie wussten sicherlich, was sie taten, und es hat sich für sie gelohnt. Wir müssen jedoch nicht ins Kloster gehen, um das gleiche Ergebnis zu erzielen. Es kann überall und von jedem erreicht werden.

In dem Moment, in dem wir uns alle so verhalten und unsere Prioritäten richtig setzen, wird es keine Selbstmorde mehr geben, kein Urteil und keiner wird gegen den anderen arbeiten. Mit dieser Art von neuem Verhalten und einer Einstellungsänderung werden wir endlich in der Lage sein, uns aus universeller Sicht ein für alle Mal vorwärts zu bewegen.

Nutze dieses eine Leben weise

Körperliche Leistungen sind wunderbar, weil es so schön ist, viel Geld zu verdienen oder eine wichtige Person zu sein. Aber es gibt hier einen Haken. Alles wird in dem Moment enden, in dem Du stirbst. Die Ewigkeit wird nie enden. Wir können uns für Fortschritt entscheiden. Ich spreche nicht von einem neuen Handy und auch nicht von selbstfahrenden Autos. Ich spreche vom ewigen Fortschritt.

Wir sind ewige Wesen und es ist höchste Zeit, dass wir uns als solche verhalten. Wir alle tun es auf eine Art und Weise, aber wir könnten uns stabiler, sicherer und schneller vorwärts bewegen als wir es derzeit tun. Jene, die wissen, worum es im Leben geht, genießen jeden einzelnen Moment voll und ganz. Sie wissen, dass sie es nie

BEREIT FÜR DAS LEBEN NACH DEM TOD?

wieder erleben werden! Sie leben so, dass sie es nie bereuen werden.
Wir müssen es jetzt richtig machen.

Zu merken von der Theorie der einmaligen Chance

1. Wir leben nur einmal in jedem Leben.

2. Unsere Interpretation der Realität macht uns zu dem, was wir sind.

3. Ich brauche Zeit, um all meine Fehler rückgängig zu machen, also ist es viel besser, die universellen Gesetze nicht zu übertreten.

4. Wenn wir ewig vorwärts kommen wollen, müssen wir das tun, was nötig ist.

5. Genieße jeden einzelnen Moment, denn er wird nie wiederkommen.

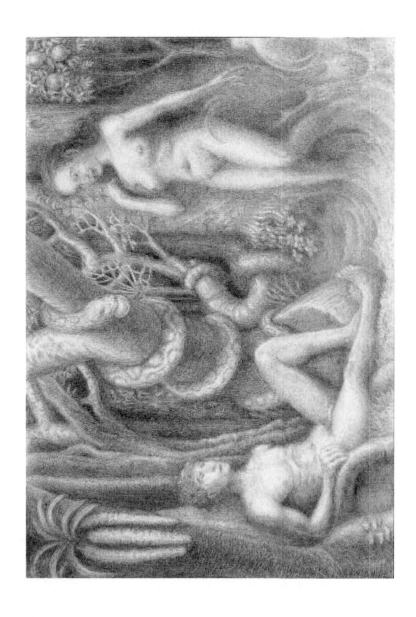

THEORIE 38

Die Theorie von Adam und Eva

Unser aktuelles Verständnis

Die meisten von uns kennen die Geschichte von Adam und Eva und auch die von Darwin beschriebene Evolution des Menschen. Ich gebe zu, ich war verwirrt, als ich jünger war, als ich diese beiden Theorien sehr widersprüchlich fand. Mit zunehmendem Alter habe ich sie akzeptiert und aufgehört zu versuchen herauszufinden, warum sie so unterschiedlich sind.

Die biblische Geschichte erzählt von den ersten Menschen, die im Paradies lebten und alle damit verbundenen Vorteile genossen. Es war ihnen erlaubt, von jedem Baum zu essen, außer vom Baum der Erkenntnis. Dann greift eine Schlange ein und bietet Eva einen Apfel an. Sie überzeugt Adam, ihn auch zu essen und mit dieser Gesetzesübertretung tritt eine Veränderung ein, die das Paar dazu zwingt, das Paradies zu verlassen.

Akhs Interpretation

Die Theorie kann auf folgende Weise interpretiert werden: Adam und Eva repräsentieren die ganze Menschheit. Die Schlange ist auch eine reale Erscheinung. Ich werde nun in das asiatische Verständnis von Kundalini aus dem Sanskrit eintauchen. Es wird gelehrt, dass eine Schlangenenergie die Basis der Wirbelsäule hinaufsteigt, die beim Erwachen durch alle Chakren und Energiezentren zur Spitze des Kopfes aufsteigt. Dies ist ein Prozess, der für jeden notwendig ist, der die volle Erleuchtung erlangen möchte.

Jetzt haben wir vielleicht ein besseres Verständnis für die Schlange und die Menschen. Wie wäre es mit dem Paradies und allem Anderen? Wir können das Paradies nur dann erreichen, wenn wir vollständig erleuchtet sind. Die Kundalini-Energie muss steigen, um dorthin zu gelangen. Daher scheint es logisch, dass Adam, Eva und die Schlange reale Konzepte sind. Uns wurde gesagt, dass jeder erleuchtet werden kann, also Männer und Frauen gleichermaßen. Was ist dafür nötig? Die Schlangenenergie muss aufsteigen. Viele körperliche Übungen und Atemtechniken wurden entwickelt, um den Zustand der Erleuchtung herbeizuführen. Fast alle sind nutzlos. Nur Deine Seele kann diesen Prozess einleiten. Der Körper ist nur ein Gefäß und ein winziger Teil davon. In dem Moment, in dem die Seele bereit ist, geschieht dies automatisch ohne Atem- oder Beugeübungen.

In meinem Verständnis der Geschichte, ist der Unterschied, dass Adam und Eva Eden nicht verloren haben. Im Gegenteil: sie haben es noch nicht gefunden! Daher kommen all die Atmungs- und andere Übungen, um dorthin zu gelangen. Wir sind immer noch dabei, den Weg nach Eden zu finden. Der Weg dorthin ist so wie er schon immer war. Es ist ein Weg der Seele, nicht nur des Körpers. Natürlich spielen Körper, Geist und Seele eine gemeinsame Rolle.

Wie viele von euch, die diese Zeilen lesen, sind in diesem Moment richtig erleuchtet? Wer ist auf diesem Planeten? Ich kann mit ziemlicher Sicherheit behaupten, dass viele meiner Leser überhaupt nicht erleuchtet sind. Wenn sie es wären, wüssten wir es, nicht wahr? Warum ist von acht Milliarden Menschen in einem Universum, in dem die Erleuchtung normal, natürlich und kostenlos ist, niemand auf diesem Planeten jetzt vollständig erleuchtet? Bitte nehme es mir nicht übel, wenn Du es bist, aber ich bin mir dessen nicht bewusst.

Wir alle sollen eines Tages sündenfrei leben, aber vieles muss noch getan werden, bevor wir mit Zuversicht sagen können, dass wir im Paradies sind. Das Paradies ist eine Errungenschaft; es ist ein Seinszustand, kein Ort.

Negativ?

Tatsache ist, dass wir, sobald wir in den Himmel kommen, ohne Negatives existieren werden. Ich kann mir nicht vorstellen, dass jemand im Himmel „Nein" zu mir sagt. Kannst Du Dir das vorstellen? Da sehe ich keine Belastungen, Klagen, Kämpfe, Einschränkungen, Hass oder Rache. Ist dieses Konzept jetzt klarer? Ich würde eher Sympathie, Nächstenliebe, Zärtlichkeit und Zuneigung erwarten, die es da gibt neben all den anderen Tugenden. Das Paradies ist real und viele Menschen, die auf dem Planeten Erde gelebt haben, sind bereits dort angekommen. Sie haben einfach das getan, was nötig war, um dorthin zu gelangen. Wenn sie es im Laufe der Jahrhunderte tun konnten, so können wir es heute auch.

Es liegt an uns, das richtige Maß an spirituellem Bewusstsein zu erreichen, damit wir die gleichen ewigen Vorteile und Belohnungen genießen können. Um ins Paradies zu gelangen, müssen wir eine Menge Dinge in uns selbst und in der Welt, die wir erschaffen haben, ändern. Sind wir bereit? Das ist die Frage.

Wie gut geht es dem Homo sapiens?

Wenn wir uns die Geschichte des Homo sapiens sapiens ansehen, werden wir sehen, dass ganz am Anfang Menschen buchstäblich wie Tiere lebten. Sie lebten in Höhlen, kämpften viel und hatten keine Gesetze außer brutaler Gewalt. Dies wurde später geändert, um denen zu entsprechen, die ein größeres Schwert hatten. Allmählich sind wir zivilisierter und raffinierter geworden. Einige von uns denken, dass wir heute den Gipfel der Zivilisation erreicht haben, weil wir Jahrtausende gebraucht haben, um hierher zu kommen. In der Tat, in gewisser Weise haben wir dies getan. Wir sind an der Spitze dessen, was uns bekannt ist. Es mag von dem universellen Höhepunkt, den wir immer noch zu erreichen suchen, weit entfernt sein. Die Menschen durchlaufen seit Beginn der Zeit einen Prozess der spirituellen Reinigung. „Sind wir schon da?" fragst Du vielleicht. Du kannst es selbst beurteilen. Gibt es heute negative Nachrichten in Bezug auf Menschen? Kooperieren alle Länder und helfen sie einander, wann immer nötig? Sind die Menschen immer nett zueinander? Sind wir jederzeit 100% sicher? Jetzt, wo Du die oberen Fragen beantwortet hast, hast Du eine bessere Vorstellung davon, wie viel Arbeit es noch zu tun gibt.

Aufklärung

Verwenden wir wieder unsere logischen Denkfähigkeiten. Wenn es so einfach wäre, völlig erleuchtet zu sein, würden wir nur für eine Lebensdauer ins Physische kommen. Kann ich alles, was es auf diesem Planeten gibt, in weniger als hundert Jahren lernen? Kann ich in allen Berufen Erfahrung haben? Kann ich alle Arten von Beziehungen haben? Kann ich die beste Version meiner selbst werden?

Wenn alle notwendigen Bedingungen erfüllt sind, wird eine Person innerhalb von Minuten aufgeklärt. Warum können wir diese phänomenale Leistung nicht erbringen? Warum? Frage Dich, was Du tun kannst, um diese Welt zu einem besseren Ort zu machen.

Erbsünde

Der Vater unterrichtete seinen Sohn und die Mutter ihre Tochter. Die Nachkommen stellten ihre Eltern so gut wie nie in Frage und deshalb wurde das gleiche Lehrmaterial weitergegeben. Das ist der Grund, warum es auf dieser Welt vor 1000 Jahren Kriege gab. Warum folgen wir blind dem Beispiele vorheriger Generationen? Wollen wir eine positive Reaktion? Dann müssen wir es einleiten, richtig? Zum Glück sind wir jetzt im vierten Jahrtausend durch weltweite Gesetze geschützt, die es vorher nicht gab.

Zum Erinnern

Wir sind alle Adams und Evas. Wir alle wollen das Beste. Was wir jedoch noch lernen müssen, ist alle Punkte zu verbinden und ein für alle Mal anzufangen, auf die beste Art und Weise zu leben. Dann nähern wir uns dem Paradies, das in der Literatur zu allen Zeiten überliefert ist.

Wenn wir sterben, zählt nicht mehr wer wir waren, sondern nur wie gut wir es gemacht haben. Nichts anderes zählt, sobald Dein Körper zu ‚Asche' wird. Glaubst Du, Adam und Eva waren die ersten Menschen? Du bist jetzt wie sie! Das besprochene Paradies muss verdient sein. Ist dieser Planet im Jahr 3022 ein Paradies? Noch nicht. Wir müssen härter an uns arbeiten. Wir werden eines Tages dorthin kommen, aber wir haben noch viel Arbeit zu erledigen. Vielen Dank für Deinen Beitrag!

Wie kann es gelingen?

Stellen wir sicher, dass wir unsere Mitmenschen respektieren, weil alle wichtig sind. Der Beitrag jeder einzelnen Person auf dem Planeten ist wichtig. Wir sind so stark wie das schwächste Glied, nicht wahr? In dem Moment, in dem alle Menschen auf dem Planeten gut sind, wird es keinen Grund mehr geben, um irgendetwas zu kämpfen. Als Ergebnis dieser phänomenalen Leistung wird der Planet eine höhere Frequenz erreicht haben. Wenn wir weiter in die gleiche Richtung gehen, werden die Menschen anfangen standardmäßig erleuchtet zu werden. Dies wird eine beispiellose Kettenreaktion im ganzen Universum auslösen und die gesamte Schöpfung wird feiern.

Ihr seid Adams und Evas, die gerade auf ihr Eden hinarbeiten. Sobald die Erleuchtung erreicht ist, betritt man das Paradies. Es liegt allein an uns, wie schnell oder langsam wir dort ankommen. Niemand kann es für uns tun. Nur Du selbst kannst durch Deine eigene Anstrengung, und wenn Du bereit bist, nach Eden gelangen.

Zu merken von der Theorie von Adam und Eva

1. Wir sind Adams und Evas.

2. Das Konzept stellt das Ende aller Zeit dar, nicht den Anfang. Wir haben Eden nicht verloren; wir haben es noch nicht gefunden.

3. Wir müssen die Erbsünde und Negativität überwinden.

4. Wenn wir sterben, spielt es keine Rolle mehr, wer wir waren, nur wie gut wir waren.

5. Nur Du kannst aus eigener Kraft ins Paradies gelangen, wenn Du bereit bist.

THEORIE 39
Die Theorie der Logik

Logik des Universums

Alles in dieser Kreation macht vollkommen Sinn. In dem Moment, in dem wir anfange, diese Theorien in unserem täglichen Leben anzuwenden, arbeiten wir mit universellen Energien. Das Universum unterliegt der reinen Logik. Wenn wir mehr daüber erfahren möchten, müssen wir die Logik zusammen mit allen anderen universellen Qualitäten verwenden, die zum richtigen Zeitpunkt offenbart werden. Ja, es gibt noch mehr. Ich mache mit Dir kaum den ersten Unterricht zu diesem Thema. Es gibt noch viel zu lernen und zu entdecken. Wir werden den Rest der Ewigkeit brauchen, um alles zu lernen.

Zustand des Nirwana

Es gibt so viel, worauf man sich freuen kann. Ich bin privilegiert das Universum, so wie es in einer sehr fernen Zukunft sein wird, geschen zu haben. Ich kann nur den Ausdruck „reine Glückseligkeit" verwenden, um es zu beschreiben. Auch dieser Ausdruck kommt dem wahren Konzept nicht nahe, weil es nur gefühlt werden kann. Vielleicht wäre der beste Ausdruck für diesen Zustand das Nirwana. Stellen wir uns vor, wir leben in einem Zustand ununterbrochener spiritueller Ekstase. Es ist nicht unser Körper, der davon erfüllt ist, sondern unsere Seele. Das höhere Selbst kann sich zu einem solchen Geisteszustand erheben und für ewig bleiben, wenn wir dies wollen und wissen, wie wir es erreichen können.

170

Verwende Deine Logik

Ich habe Dich während des gesamten Buches gebeten, das was Du liest mit dieser Logik zu bewerten,. Solange die Aussagen Sinn machen, können wir sie akzeptieren und mit ihnen arbeiten. Sollten Sie jemals unlogisch werden, wären sie nicht mehr akzeptabel. Wann immer ich etwas mit reiner Logik bewerten kann, weiß ich, dass ich auf dem richtigen Weg bin.

Zu merken von der Theorie der Logik

1. Alles im Universum kann durch Logik verstanden werden.

2. Wir können für immer in einem Zustand reiner Glückseligkeit leben.

3. Die Zukunft ist unvorstellbar schön.

THEORIE 40

Die Erkenntnistheorie

Im Leben geht es ums Lernen

Wir alle haben den Unterricht in der Schule, am College oder an der Universität besucht. Im Leben geht es ums Lernen. Das verstehen wir bereits. Uns wird gesagt, dass uns niemand mehr nehmen kann, was wir gelernt haben. Wissen ist dauerhaft und kann nicht verloren gehen. Es zu sammeln ist einer der Gründe, warum wir ins Physische kommen. Ich rede nicht über solches Wissen, dass z. B. Tokio die Hauptstadt Japans ist. Das könnte sich ändern. Was ich meine, ist das ewige Wissen, das unseren Kern betrifft und die Kraft hat, uns für immer zu dienen.

Was ist es wert, für immer belehrt zu werden?

Wir können lernen, wie wir mit anderen Menschen umgehen, wie wir beim Aufbau von Beziehungen besser werden, wie wir freundlichere Eltern werden oder wie wir uns selbst und andere Menschen mitfühlender behandeln können. Wir können diese Fähigkeiten jeden Tag üben. In dem Moment, in dem ich anfange, das neue Ich zu leben weiß ich, dass ich es geschafft habe. Wissen „an sich", wie es in Bildungskreisen bezeichnet wird, ist praktisch nutzlos. Es scheint reine Zeitverschwendung zu sein, Informationen zu sammeln, ohne sie zu verwerten, es sei denn dies geschieht zum Vergnügen. Warum würdest Du allerdings Dein Leben damit verbringen etwas zu sammeln, das Dir nicht ewig dienen wird? Hast Du so viel Zeit zu verschwenden? Wenn Du weißt, wie Du Dich

verhalten, handeln oder mit etwas umgehen sollst, aber es nicht in
der Realität nicht tust, es ist so als hättest Du einen superschnellen
Sportwagen in der Garage, aber Du fährst ihn nie. Er bringt also
nichts.

Wenn wir die Ewigkeit studieren und Verbesserungsmöglichkeiten
für uns finden wollen, müssen wir daran denken, dass wir uns auf
das Lernen für das Nicht-Physische konzentrieren. Wir werden uns
nicht für immer mit materiellen Dingen befassen. Wir entwickeln
jedoch Fähigkeiten, die es uns u.a. ermöglichen, das Denken und die
Einstellungen derer, die im Physischen sind, zu verstehen.

Was ist Perfektion?

Wir wollen so perfekt wie möglich sein. Selbst die Perfektion kann
perfektioniert sein. Es gibt vielleicht Menschen, die argumentieren,
dass das Streben nach Perfektion zu anspruchsvoll oder zu ermü-
dend sei und sie unnötig unter Druck setze. Hier müssen wir
beachten, dass es auf die Definition von Perfektion ankommt.
Schauen wir uns dies in meinem nächsten Beispiel genauer an.

Perfekte Pfannkuchen

Was ist der perfekte Pfannkuchen? Ist es nicht der, der aus Milch,
Öl, Mehl, Eiern, Salz und Zucker gemacht ist? „Nein", mögen
manche Köche sagen. Es kommt drauf an, welches Mehl und
welchen Zucker Du verwendest. Eier müssen aus biologischer
Haltung sein, um die richtige Konsistenz zu haben. Auch verändern
verschiedene Arten von Öl oder Butter den Geschmack z. T.
erheblich. Einige von uns mögen Pfannkuchen dünn, die anderen
dick. Der perfekte Pfannkuchen ist für viele der, den ihre Oma
früher für sie als sie Kinder waren, gebacken hat und den sie seitdem
nicht mehr gegessen haben und vermissen. Es hängt von unserer

Erfahrung, unserem Gedächtnis, unserem Geschmack und der Auswahl ab. Tausend Familien machen Pfannkuchen auf tausend verschiedene Arten. Gibt es so etwas als einen perfekten Pfannkuchen oder ist er einfach nur für Dich perfekt?

Wie wäre es mit vollkommenem Wissen?

Das gleiche Prinzip gilt auch für das Wissen. Wissen ist nicht perfekt. Seine Verwendung kann es aber sein. Es hängt davon ab, wie wir uns entscheiden es anzuwenden. Von den Chinesen haben wir haben Kenntnisse über Schießpulver erhalten, die diese Substanz vor Hunderten von Jahren erfunden haben. Wir können dieses Pulver benutzen, um Straßen durch Berge zu bauen oder um uns gegenseitig zu vernichten. Die erster Verwendung ist gut, die letztere bringt uns ins ewige Gefängnis. Wofür wir uns entscheiden, hängt von uns, von unseren Bedürfnissen, Wünschen und Sehnsüchten.

Das Wichtigste, was wir mit Wissen tun können, ist es immer zu benutzen. Es nützt nicht viel, fließend Französisch zu sprechen, wenn Du Englisch sprichst, wenn Du nach Frankreich fährst.

Spirituelles Wissen macht Menschen besser. Sie verbessern ihre zwischenmenschlichen Beziehungen, ihr Verständnis für andere, ihre Einstellungen auf Situationen im Lebe, und lösen Probleme einfacher ohne sich von ihnen verunsichern zu lassen. Das zu verwenden, was wir auf diese Weise lernen, ist insgesamt positiv. Verbesserung ist immer positiv. Wir applaudieren den Menschen, die in irgendeiner Hinsicht besser sind als wir. Wir gratulieren ihnen. Sie zu hassen wäre negativ und damit langfristig schädlich für unsere Seelen.

Was ist das Beste, dass wir mit Wissen tun können? Wir müssen es in unseren Alltagssituationen verwenden bis wir absolute die Perfektion seiner Anwendung erreicht haben. In dem Moment, in dem es dauerhaft positive Ergebnisse liefert, können wir sagen, dass wir erfolgreich sind. Alles spirituelle Wissen kann verwendet werden, um in jeder Situation die positivsten Ergebnisse zu erzielen. Sobald diese Weisheit praktiziert wird, werden wir uns Gottes Konzept der Vollkommenheit nähern.

Zu merken von der Theorie des Wissens

1. Wir können Wissen nicht nur für das Physische, sondern auch für die Ewigkeit nutzen. Wir sollten lernen, dies zu tun.

2. Es gibt viele verschiedene Definitionen von Perfektion.

3. Die Perfektion liegt in der Anwendung dessen, was wir wissen.

4. Spirituelle Weisheit macht uns zu besseren Menschen.

THEORIE 41

Die Ein-Stab-Theorie

Alles ist eins

Alles im Universum kann mit einem Stab verglichen werden. Jeder Stab hat zwei Enden und viele Punkte dazwischen. Die Punkte repräsentieren verschiedene Ebenen.

Der Stab der Liebe und der Lust

Schauen wir uns zuerst die Liebe und die Lust an. Sie sind die gegenüberliegenden Enden desselben Stabes. Dazwischen liegen viele Ebenen sowohl oberhalb als auch unterhalb.

Wir können auch eine Skala verwenden. Welche Zahl von 1 bis 100 würdest Du wählen, um Deinen aktuellen Daseinszustand zu beschreiben, wenn Nummer eins 100% bedingungslose Liebe und die Nummer hundert 100%ige Lust ist? Wir können die Situation auch aus einem ewigen Standpunkt betrachten. Die Spitze des Stabes ist reine Liebe und die Unterseite ist reine Lust, und alle anderen Ebenen liegen dazwischen.

Eine andere Perspektive wäre, den oberen Teil des Stabes als Reinheit, Keuschheit und Großzügigkeit zu betrachten. Wenn wir uns an dem Stab entlang nach unten bewegen, gibt immer weniger von diesen Tugenden und immer mehr Wollust. In der Mitte gibt beides in gleichem Maße, also 50% Liebe und 50% Lust. Der untere Teil ist das Gegenteil des oberen und bedeutet Lust, Promiskuität und Nehmen.

Es gibt kein richtig und kein falsch. Es ist in Ordnung, wo auch immer wir uns zurzeit auf dem Stab befinden mögen. Unsere Entscheidungen bestimmen, wo wir uns befinden. Wir können unseren Zustand immer verändern, wenn wir es so wollen.

Gut und Böse

Der zweite ist der Stab von Gut und Böse. Er ist etwas allgemeiner als der Liebe-Lust Stab. Oben ist das Gute. In diesem Universum ist das Gute niemals auf dem Grund. Gute und Böse bilden ein und denselben Stab, wie wir wissen. Stelle Dir alle Ebenen zwischen diesen beiden Extremen vor. Wir können entscheiden, ob wir uns nach oben oder nach unten bewegen. Die bewussteren Seelen bleiben ständig auf der höchstmöglichen Ebene, mit der Tendenz sich immer weiter nach oben zu bewegen. Eines Tages, als sie nach ihrem Tod dem Universum gegenüberstehen, werden sie in einen Raum gehen, der als „besserer Ort" bezeichnet werden kann. Wenn alle Seelen dies täten, würden sie auf ewige Weise Fortschritte machen.

Vergessen wir nicht, dass wir allein bestimmen, wo wir uns auf diesen Universal-Stab stellen. Niemand kann es für mich tun, denn nur die Schwingung meiner Seele kann entscheiden, ob ich näher an der Spitze bin oder in der Nähe des unteren Ende.

Großzügigkeit und Gemeinheit

Der dritte ist der Stab der Großzügigkeit und der Gemeinheit. Unser Verständnis, unsere Wahrnehmungen, Umstände und unsere Erziehung zusammen mit anderen Faktoren geben unseren Ausgangspunkt für jeden Stab an. Unsere Eltern stellen uns ihren Standard vor, aber dann ist es uns überlassen, wo wir hingehen. Die wichtigste Information, die ich mir merken sollte, ist, dass ich allein das Sagen habe. Egal, was man Dir beigebracht hat, wo Du ausgewachsen bist, wer Dich erzogen hat oder was Deine Herkunft ist, Du bist immer in der Lage, Deine Stellung auf den Universalstäben zu verändern, wenn Du dies möchtest. Dein Glück und Deine Zufriedenheit sind die wichtigsten Motivationsfaktoren.

Positiv und negativ

Der vierte Stab ist der Stab der Positivität und Negativität. Wie nehmen wir uns und andere wahr? Wie nehmen wir die Welt wahr? Wie denkst Du über Deine Familie, Deine persönlichen Umstände und Dein Leben? Sind alles und alle darin wunderbar? Macht es mir Spaß, mein Leben zu leben? Oder muss ich um jeden Schritt kämpfen und alles ist schrecklich? Wie kann ich positiv sein, wenn alles um mich herum im Chaos versinkt? Diese sind einige der Fragen, auf die Du Antworten suchen musst um zu sehen, wie Du Dich auf diesem Stab nach oben bewegen kannst.

Wenn Du das Gefühl hast, dass Du Dich auf einer anderen Frequenz wohler fühlen würdest, dann musst Du Deine Gedanken und Deine Wahrnehmungen bewusst ändern. Da Negativität oft mit Geld zu tun hat, werde ich es als Beispiel verwenden. Stell Dir vor, dass Du das Gefühl hättest, dass Du weniger Geld hast als Dich glücklich machen würde. Dies ist deprimierend, nicht wahr? Selbstverständlich! Nun, wie wäre es, wenn Du Dich dafür entscheiden würdest, dankbar dafür zu sein für das, was Du hast? Würde das einen Unterschied machen? Hast Du genug Lebensmittel? Ja! Hast Du saubere Kleidung? Ja! In dem Moment, in dem wir anfangen, uns auf das zu konzentrieren, was wir haben, anstatt auf das, was wir nicht haben, können wir von der Negativität zur Positivität wechseln. Die andere Möglichkeit ist nach einer besser bezahlten Arbeit zu suchen oder 12 Stunden am Tag zu arbeiten, um das zusätzliche Einkommen zu erwirtschaften, das Deine Bedürfnisse befriedigen würde.

Gesundheit und Krankheit

Das fünfte ist der Stab der Gesundheit und der Krankheit. An welcher Stelle hast Du Dich auf diesen Stab gesetzt? Warum? Wie kannst Du es ändern? Dies sind die wichtigsten Fragen, die gestellt und beantwortet werden müssen. Bin ich mit meiner Gesundheit zufrieden? Was kann ich tun, um sie zu verbessern? Muss ich regelmäßiger spazieren gehen, um mich wohler zu fühlen? Was kann ich sonst noch tun? Deine Gedanken und Taten tragen enorm dazu bei. Tust Du, was nötig ist, um Dich großartig zu fühlen?

Reinheit und Unreinheit

Der sechste Stab ist der Stab der Reinheit und der Unreinheit. Dies ist ein sehr spirituelles Thema, mit dem vielleicht nicht jeder vertraut ist. Es hat mit all den positiven Tugenden wie Gerechtigkeitssinn, Tapferkeit, Würde, Weisheit, Aufrichtigkeit, Ausdauer, Freundlichkeit und Moral zu tun. Die zu erwähnenden negativen Laster sind Geiz, Gemeinheit, Faulheit, Streitsucht, Prahlerei, Egoismus und Arroganz. Die vollständige Liste der Tugenden und Laster kannst Du am Ende dieses Buches finden.

Wenn wir uns darüber bewusstwerden wollen, wie gut wir es tun, können wir uns selbst beobachten und uns durch einen Selbstreinigungsprozess dem oberen Ende des Stabs annähern. Diese beiden Prozesse – die Selbstbeobachtung und die Selbstreinigung - sind besonders wichtig in unserem spirituellen Leben, während wir uns auf die Ewigkeit vorbereiten.

Sich von allem Bösen zu distanzieren ist ein Beispiel für Seelenreinigung. In dem Moment, in dem ich Nein zu Mediengewalt sage, höre ich auf, sie mir anzusehen oder über sie zu lesen. So ermögliche ich es mir, mich selbst zu reinigen. Ich bin diesen Prozess durchlaufen! Es hat 5 Jahre bedauert bis ich endlich das Gefühl hatte, alle Erinnerungen an die bösen Taten oder Szenen gelöscht zu haben.

Der Stab des Universums

Der letzte Stab, den ich hier erwähnen möchte, ist das gesamte Universum selbst. Es ist voller unterschiedlicher spiritueller Ebenen. Es gibt fast so viele Ebenen wie es Seelen gibt. Die Spitze wird von den Leistungsträgern bevölkert, denen, die dem Schöpfer am nächsten sind. Dann gibt es fast unzählige Niveaus für diejenigen, die sich noch im Lern- und Reinigungsprozess befinden. Diese Ebenen können bis ganz nach unten gehen.

Der allgemeine Trend geht in Richtung Verbesserung und Bewegung nach oben. Je näher wir der Spitze kommen, desto besser fühlen wir uns, desto besser sehen wir aus, desto besser verhalten wir uns, handeln, interagieren und gedeihen wir. So können wir alle die Vorteile, die mit den höheren Ebenen verbunden sind, nutzen.

Zu merken von der Ein-Stab-Theorie

1. Das gesamte Universum kann mit einem Stab mit zwei entgegengesetzten Extrempunkten und vielen Ebenen dazwischen verglichen werden.

2. Die Ein-Stab-Theorie kann praktisch für alles Mögliche verwendet werden wie Gesundheit und Krankheit, Großzügigkeit und Gemeinheit oder Gut und Böse.

3. Wir sind nicht dazu bestimmt, auf einer Ebene zu verweilen, sondern wir können uns bemühen uns zum besseren Teil jedes Stabs hinzubewegen. Nur dann werden wir in der Lage sein, die damit verbundenen Vorteile zu genießen.

4. Egal was Dir beigebracht wurde, wo Du erzogen wurdes, wer Dich erzogen hat, was deine Herkunft ist, Du kannst jederzeit deine Stellung auf den Universalstäben nach Deinem Willen verändern.

5. Die Selbstbeobachtung und die Selbstreinigung sind zwei wesentliche Prozesse bei der Vorbereitung auf die Ewigkeit.

6. Sich von allem Bösen zu distanzieren ist ein Beispiel für Seelenreinigung.

THEORIE 42
Die Theorie der Freizeit

Was ist Freizeit?

Wir wissen, dass wir mit der Zeit arbeiten. Wir verwenden Uhren, um sie zu messen. Wir wissen, dass die Zeit selbst kostenlos ist. Allerdings verlangen Leute Geld für ihre Zeit. Zeit ist unbezahlbar, weil sich das Physische ohne sie nicht entfalten würde. Sie ist begrenzt, weil sie im Physischen ist. Also wissen wir, dass sie eines Tages zu Ende sein wird. Die sinnvolle Nutzung unserer Zeit bestimmt unsere Lebensqualität.

Kann ich Freizeit machen?

Wir haben nicht die Fähigkeit, Zeit zu machen. Wir sind nur Verbraucher. Wir sind nur für unser eigenes Leben verantwortlich. Wir können uns aber mehr Freiheit in unserem Leben gönnen. Diese Freiheit kann sich in der Form von mehr Zeit für das, was wir lieben, äußern.

Womit verbringst Du Dein Leben?

Ist es etwas, das Dir große Freude bereitet? Ist es positiv? Wenn ja, dann lebst richtig. Wenn dies nicht der Fall ist, möchtest Du vielleicht etwas ändern. Warum? Falls Du nichts änderst, würdest Du eindeutig Deine Zeit verschwenden. Wir können es uns nicht leisten, durch Zeitverschwendung auf unser Leben zu verzichten. Wir müssen sehr sorgfältig auswählen, was wir tun, wohin wir gehen und wen wir treffen, weil wir für alle diese Aktivitäten Zeit brauchen.

Den ganzen Tag vor einem Geschäft zu verbringen, um auf ein neues Produkt zu warten, ist ein Beispiel für das, was wir mit unserer Zeit machen. Es ist im Prinzip nicht falsche, die Zeit in gewisser Weise zu verbringen. Einen Tagesausflug ans Meer zu unternehmen ist uns ein Beispiel dafür, wohin wir gehen können. Leute zu treffen, die uninteressant und negativ oder spannend und faszinierend sind, ist ein Beispiel dafür, wen wir treffen können.

Eine Geschichte

Wir wissen bereits, dass wir uns auf das konzentrieren müssen, was wir jetzt tun, weil wir die Zeit nicht vor- oder zurückspulen können. Stell Dir vor, es gäbe einen Mann und eine Frau, die ihr ganzes Leben für den Ruhestand sparen und sagen, dass sie eine tolle Zeit haben werden, nachdem sie in Rente gegangen sein werden. Sie sparten viel Geld und gaben sehr wenig aus. Nur bevor sie beginnen konnten, das angestrebte Traumleben zu leben, kamen sie bei einem Unfall ums Leben. Möchtest Du Dein Leben auch so leben? Ist es nicht vernünftiger, hier und jetzt ein anständiges Leben zu führen, aus unseren Fehlern zu lernen, die Du in der Vergangenheit gemacht hast, und Dir so eine bessere Zukunft zu verschaffen? Ich kann nicht mehr gestern leben, weil der Tag vorbei ist. Auch kann ich kann morgen noch nicht leben, weil ich noch nicht da bin. Ich muss heute leben.

Freizeit

Ist die Zeit frei? Natürlich! Alle Zeit ist kostenlos! Wir bezahlen dem Schöpfer nichts dafür. Hast Du Zeit, in der Du nicht beschäftigt bist? Das ist eine vollkommen andere Frage. Was machst Du, wenn es nichts zu tun gibt? Was für eine tolle Idee, darüber nachzudenken! Es kann sich sogar lohnen, die Antworten aufzuschreiben. Schaust Du Filme, spielst Du Computerspiele, hörst Du Musik oder tust Du buchstäblich nichts? Wir alle wollen unsere Zeit sinnvoll nutzen. Niemand will sie verschwenden. Schauen wir uns also einige Ideen aus dem vierten Jahrtausend an, die unsere Sichtweise auf die Verwendung unserer kostbaren Zeit ändern können.

Filme

Entscheide Du selbst. Warum würdest Du Dir denselben Film hundertmal ansehen? Bedeutet das nicht, dass Du Dich für die gleiche Erfahrung entscheidest? Wie viele Stunden Deines Lebens würde es Dich kosten? 150 Stunden? Sind das insgesamt nicht mehr als 6 Tage? Wie macht es Dein Leben besser? Manche Menschen haben die Angewohnheit entwickelt, die Leben anderer Menschen im Fernsehen zu beobachten. Unser Verständnis ist, dass ich entweder mein eigenes Leben lebe oder in Filmen zusehe, was für ein Leben andere Menschen haben. Wenn Du Dein Leben lang beobachtest, wie andere Menschen leben, dann ist es möglich, dass Du viele wertvolle Momente in Deinem eigenen Leben verpasst, weil keine einzige Sekunde jemals zu Dir zurückkommen wird. Lassen wir unser eigenes Leben neu bewerten.

Vielleicht könnten wir unsere eigene Zeit besser nutzen?

Wenn dies der Fall wäre, was könnte ich tun? Ich könnte neue Fähigkeiten erlernen oder mich meiner Familie widmen. Ich könnte mehr Zeit mit meinem Sohn oder meiner Tochter verbringen. Ich könnte mit meinem Ehepartner oder Partner ausgehen. Vielleicht könnte ich durch Sport einen gesünderen Körper bekommen. Ich könnte meinen Verstand stärken. Ich könnte alle meine spirituellen Denkweisen verbessern. Es gibt so viel, was ich tun kann!

Einmal wurde ich von einer Person angesprochen, die noch nie Ferien hatte. Er war überrascht, dass jemand überhaupt so viel Zeit hatte, um in den Urlaub zu fahren.

Computerspiele

Zu einem bestimmten Zeitpunkt in unserer Geschichte gab es einen Trend, von der Realität in eine virtuelle Realität zu flüchten. Darin liegt eine gewisse Schönheit. Wir finden es toll, neue Kompetenzen zu entwickeln. Welche Fähigkeiten entwickelst Du, wenn Du in dieser virtuellen Realität lebst? Wenn Du dort Geld verdienst und dafür lebst, gut. Wenn dies nicht der Fall ist, dann kannst Du Dich vielleicht fragen, ob dies das Beste ist, womit Du Deiner Zeit auf diesem Planeten verbringen kannst.

Musik hören

Musik ist eine großartige Möglichkeit, sich zu entspannen. Sie kann therapeutisch sein. Sie kann uns helfen, Probleme zu lösen. Sie kann uns aufheitern. Möchtest Du jedoch Music hören, weil Du nichts anderes zu tun hast? Darf ich sie nicht lieber beim Laufen oder Baden hören, oder wenn ich eine Mahlzeit esse, anstatt sie zur Hauptaktivität oder ganztägigen Unterhaltung zu machen?

Nichts tun

Man kann argumentieren, dass Nichtstun unmöglich sei. Entweder sitzen oder liegen wir. Wir öffnen unsere Augen oder wir schließen sie. Wir hören zu oder tun dies nicht. Nichts Produktives zu tun ist eine ganz andere Sache. Dies könnte etwas sein, was wir vielleicht nicht tun möchten.

Wenn ich den ganzen Tag damit verbringe, etwas zu tun und am Ende des Tages trotzdem keinen Unterschied in meinen Angelegenheiten feststellen kann, kann ich mit Sicherheit sagen, dass ich nichts getan habe. Ich spreche nicht von denen von uns, die auf einem riesigen Feld draußen arbeiten und am Ende des Tages merken, dass sie nur ein paar hundert Quadratmeter bewirtschaftet haben.

Wir profitieren von positiven Gewohnheiten. Positiv bedeutet, dass sie unser Leben bereichern oder uns etwas geben. Einige mögen argumentieren, dass Nichtstun uns nichts gibt. Natürlich kann es Menschen geben, die daran große Freude haben.

Als Beispiel können wir den Wunsch nehmen, einen dicken Bauch zu verlieren. Ich will ihn loswerden, aber ich tue nichts dafür. Wird er einfach von alleine verschwinden? Wo ist meine Leistung? Keine Magie und kein Zauberstab werden hier funktionieren. Ich muss mit einem brennenden Verlangen beginnen und meine Gewohnheiten und meine Ernährung ändern.

Fazit

An welchen Aktivitäten nimmst Du teil? Ist es Dir recht, Geld für sie auszugeben? Sind sie anregend und lustig? Sind sie positiv? Wenn die Antwort ja ist, dann ist alles gut. Es ist Dein Leben. Niemand kann Dir sagen, wie Du es leben sollst.

Zu merken von der Theorie der Freizeit

1. Das Universum gibt uns all unsere Zeit ohne dafür eine Zahlung zu verlangen.

2. Wir werden nie mehr Zeit bekommen.

3. Entweder beobachten wir, wie andere Menschen ihr Leben leben oder wir leben unser eigenes.

4. Wir können die Zeit weder vor- noch zurückspulen.

THEORIE 43
Die Urteilstheorie

Gab es vorher ein Urteil?

Haben sich die Menschen früher gegenseitig verurteilt? Warum haben sie dies getan? Wer hat ihnen das Recht dazu gegeben? Einfach gesagt, es war ihr Mangel an spirituellem Wissen, der dieses Verhalten verursacht hat. Wir sind so glücklich, dass wir uns geändert haben. Was beurteilten die Menschen damals? Alles! Früher waren es Kleidung, Autos, Verhalten, Freundschaften, Zugehörigkeiten und sogar Aussehen, um nur einige Beispiele zu nennen. Viele Männer und Frauen versuchten, ihren Altersgenossen oder Vorgesetzten zu gefallen, anstatt ihre Einzigartigkeit zu genießen.

Früher gab es viele Kulturen, in denen Menschen aufgrund ihrer Entscheidungen beurteilt wurden, z. B. ob sie viel Geld oder nicht genügend hatten. Es war so, a ls ob man es nie richtig machen könnte. Diese Art der Kritik schadete auch ihrer nicht-körperlichen Gesundheit. Sie untergrub das Vertrauen, zerstörte Träume und zog Menschen in den Bann der Machthaber. Diese Menschen versuchten dann, sich anzupassen und Dinge zu tun, die für sie unnatürlich waren, nur um Zustimmung zu erhalten.

Bekannte Wahrheiten

Wie man diese Art zu urteilen beseitigt, wird in Johannes 8:3-11 wunderbar beschrieben, wo nur Menschen, die nie gesündigt hatten, aufgefordert wurden, einen Stein auf eine Frau zu werfen, die einer

Straftat beschuldigt wurde. Erinnerst Du Dich an diesen Teil der Bibel? Niemand hat einen Stein geworfen, weil alle erkannt hatten, dass sie selber nicht besser als die angeschuldigt Frau waren. Wir müssen uns nur daran erinnern, dass wir alle hier sind, um zu lernen. Wir sind nicht hier, um jemanden zu verurteilen, wenn er oder sie Fehler macht.

Trotz dieses entscheidenden Wissens aus der Antike war früher die Welt von Urteilen durchsetzt. Das nächste Mal wenn Dir danach ist, einen anderen Menschen zu verurteilen, vergewissere Dich, dass Du dieses Verlangen bemerkst und es loswirst, bevor er Dir Schaden zufügt. Welchen Schaden? Die Tendenz andere zu verurteilen, senkt Deine Seele auf ein niedrigeres energetisches Niveau.

Weiß ich es besser als alle anderen?

Diejenigen, die es besser wissen, würden niemals jemanden verurteilen, weil sie sich von vornherein besser verhalten würden. Kannst Du die Logik in diesen Zeilen sehen? Wenn ich mehr Informationen und Verständnis habe, werde ich mein Verhalten entsprechend ändern können. Ideen im Kopf zu haben ist nicht genug. Ich muss mich ändern, um ein besserer Mensch zu werden.

Wir können andere Menschen nicht beurteilen, weil wir ihre Motive oder das, was sie zu an den Punkt gebracht hat, an dem sie sind, nicht verstehen können. Wir müssen nur wissen, dass sie auf einer spirituellen Reise sind, die sie jederzeit ändern können. Dieser Wandel muss allerdings von innen kommen.

Wie kann dies geschehen?

Zu diesem Zweck können wir die Liebe einsetzen. Wir lernen besser und schneller von denen, die uns lieben. Wir sind eher geneigt, ihre

Ideen zu akzeptieren. In dem Moment, in dem wir anfangen, Liebe für Menschen zu empfinden, werden wir in aufhören, sie zu beurteilen. Mehr zu diesem Thema kannst Du in der Theorie der Liebe lesen.

Zu merken von der Urteilstheorie

1. In der Vergangenheit wurde viel verurteilt.

2. Wir können andere Menschen nicht verurteilen, weil wir ihre Motive oder das, was sie an ihren jetzigen Punkt gebracht hat, nicht kennen oder nicht verstehen.

3. Verurteilungen sind nicht gut und stellen die, die verurteilt haben, in den negativen Teil des Universums.

4. Verurteilungen können mit Liebe überwunden werden.

THEORIE 44

Die Wettbewerbstheorie

Woher kommt das alles?

Darwin hat in seiner Evolutionstheorie von 1859 die Vorstellung geäußert, dass es in dieser Welt um das Überleben des Stärksten ginge. Er hatte Tiere beobachtet, um zu seinem Schluss zu kommen. Manche Leute nahmen Darwins Ideen wörtlich und begannen sich genauso zu verhalten. Es gibt jedoch einen Unterschied: wir sind keine Tiere!

Früher konkurrierten die Menschen miteinander

Wenn wir uns ansehen, wie unsere Zivilisation vor 1000 Jahren aussah, stellen wir unweigerlich fest, dass es viel Wettbewerb auf unserem Planeten gab. Unsere Vorfahren kämpften um Trophäen, Medaillen, Auszeichnungen, Titel und Belohnungen. Sie schienen den Wettbewerb zu lieben, um zu zeigen, dass sie die Besten waren, die Klügsten, die Schnellsten oder alle anderen Superlative, die wir in einem Wörterbuch finden können oder alternativ in einem Buch der Auszeichnungen.

Die Olympischen Spiele

Die alten Griechen erfanden die Olympischen Spiele, um die fittesten Männer zu feiern, die ihre Fähigkeiten in Wettbewerben gezeigt haben. Diese Spiele überlebten viele Jahrhunderte, weil sie viele Einzel- und Mannschaftsdisziplinen umfassten, um das Publikum zu unterhalten und Prestige für die Gewinner zu gewinnen. Diese Gewinner erhielten einzigartige Privilegien und wurden in vieler Weise gefeiert.

Das gegenwärtige Verständnis

Das Leben im vierten Jahrtausend ist im Vergleich zur Vergangenheit in vielerlei Hinsicht anders.. Heutzutage vergleichen wir uns nicht mehr miteinander. Wir wissen, dass ich wahrscheinlich schneller laufen kann, wenn meine Beine länger sind und ich einen Ball leichter in einen Korb werfen kann, wenn mein Körper größer ist. Wir konzentrieren uns auf Teambildung, Zusammenarbeit, gegenseitige Hilfe und die Entwicklung von Fähigkeiten, die allen und nicht nur Einzelpersonen zugutekommen. Ein Wettbewerb, in dem ermittelt werden soll, wer der Schnellste, Höchste, Beste oder der Stärkste ist, gehört nicht mehr zu unseren Prioritäten, weil er nicht ausreichend spirituell ist.

Neues Denken

Dies geschieht auf der ganzen Welt auf Mikro- und Makroebene. Die Einstellung, einen anderen ausnutzen zu wollen, existiert längst nicht mehr. Unser spirituelles Wissen erlaubt es uns nicht, andere Menschen zu beherrschen. Leistung wird an Unterstützung und Hilfe gemessen. Es ist nicht mehr akzeptabel, dass eine Person eine andere zum eigenen Vorteil überschattet. Man redet nicht mehr von Leistung, wenn einer im Sport oder in einem Unternehmen besser ist als ein anderer. Wir haben andere Prioritäten. Fast alles wird an den Erfolgen aller gemessen.

Dieses Denken ist umfassend. Es fängt klein an, z. B. in Familien und Unternehmen und wird dann größer und umfasst dann ganze

Gesellschaften und Länder bis zur Zusammenarbeit zwischen den Bewohnern aller Kontinente.

Die Dreifaltigkeit

Eine weitere große Veränderung kam mit dem Wunsch, Zeitverschwendung auf dieser Welt zu beseitigen. Unsere Gesellschaft hat Aktivitäten entwickelt, die uns helfen, körperlich, geistig und psychisch zu wachsen. Mit anderen Worten, wir wachsen in Körper, Geist und Seele. Unsere Ausbildung konzentriert sich auf Logik, Rationalität, Verständnis, Verbesserung, universelles Wissen, Koexistenz mit der Natur und alles was existiert. Diese Dreieinigkeit schafft eine Basis für unsere gesamte Entwicklung.

Zu merken von der Wettbewerbstheorie

1. Der Wettbewerb, wie er früher bekannt war, gehört jetzt der Vergangenheit an.

2. Das vierte Jahrtausend fördert stattdessen die Zusammenarbeit und gemeinsame Interessen.

3. Zeitverschwendung wurde praktisch eliminiert

und Training ist in jeder positiven Hinsicht zum Standard geworden.

4. Jeder Mensch entwickelt seinen Körper, seinen Geist und seine Seele.

THEORIE 45
Die Theorie vom Goldenen Kalb

Die biblische Geschichte

Erinnerst Du Dich an die biblische Geschichte vom goldenen Kalb? Als Moses vor vielen tausend Jahren lebte, gaben die Menschen Gott auf und beteten das Gold an. Das goldene Kalb steht für Gold und Geld. Unsere Vorfahren lebten für den körperlichen Gewinn.

Anregung zum Nachdenken

Es ist erlaubt für das goldene Kalb zu leben, aber wenn wir versuchen, in diesem Universum voranzukommen und uns auf das Leben nach dem Tod vorzubereiten, sollten wir mehr darauf achten, wofür wir leben.

Wohin werden die Menschen gehen, die sich vor dem goldenen Kalb verbeugen, wenn sie diese Welt verlassen? Das Gold wird ihnen weggenommen. Werden sie dem Himmel entgegen gehen? Ehren sie den Schöpfer mit ihrem Leben? Machen sie Fortschritte?

Erinnern wir uns daran, dass wir es so richtig oder so falsch machen dürfen, wie wir wollen. Wenn ich mir aussuchen könnte, für 80 Jahre viel Geld und Einfluss zu haben oder Glück für alle Zeit, was würde ich mir wohl aussuchen?

Das vierte Jahrtausend

Geld wurde vor langer Zeit geschaffen und die Menschheit hat sich seit Generationen vergeblich darum bemüht, ihr System zu ändern. Warum waren sie so abhängig vom Geld? Jetzt sind wir endlich weitergekommen. Wir haben unsere Prioritäten auf allen Ebenen geändert. Wir nun verstehen die Gesetze des Universums besser. Wir wissen, dass Geld von Menschen gemacht und verwaltet wird. Wir wissen, dass es im Leben nach dem Tod kein mehr gibt. Wir wissen, dass wir für mehr als das Körperliche leben müssen.

Vorwärts gehen

Wenn wir eine größere Perspektive und unsere ganze Existenz verstehen wollen, müssen wir das, was ist, in Frage stellen. Wir können nicht einfach alles aus der Vergangenheit blind als angemessen akzeptieren.

Ist Geld der beste Weg in die Zukunft? Ist es gut für die Menschen es zu haben? Glaubst Du, dass reiche Leute es allgemein in diesem Universum richtig machen? Was muss sich ändern, damit es jedem einzelnen von uns ein für alle Mal gut geht?

Die Beantwortung dieser Fragen kann uns für fortschrittlichere Gedanken öffnen. Sie wiederum können sich in Taten verwandeln und das Ergebnis positiver Maßnahmen ist immer gut. Wir sind daran interessiert, auf allen Ebenen voranzukommen. Dazu gehört die nicht-physische und ewige Ebene.

Was bedeutet es, den Schöpfer anzubeten?

Machen wir ihn stolz und glücklich. Es bedeutet, ihm zu zeigen, dass wir endlich das Wissen haben und bereit sind, die richtigen

Entscheidungen für den Rest unserer physischen und nicht-physischen Existenzen zu treffen. Es bedeutet auch, unsere ewige Existenz zu verstehen anstatt für das goldene Kalb zu leben und Geld durch einen höheren Zweck zu ersetzen. Das goldene Kalb ist real und ganz gleich, wie Moses versuchte, es zu zerstören, es hat nicht aufgehört, diesen Planeten seit Jahrtausenden zu beeinflussen.

Beten wir den Schöpfer mit unserem Geld an oder mit unseren Taten auf diesem Planeten? Wenn er vor Dir erscheinen würde, was würde er Dir jetzt wahrscheinlich sagen? Würde er Dir für das, was Du in seiner Welt getan hast, für seine Menschen und alles, was er geschaffen hat, auf die Schulder klopfen? Wenn Deine Antwort ist, dass Dein Gewissen rein ist und Du nie etwas getan hast, wofür Du Dich schämen müsstest oder was zu bedauerst, wirst Du ihn erfreuen. Wenn Deine

Antwort allerdings das Gegenteil ist, dann solltest Du besser anfangen, alles so schnell wie möglich wieder gut zu machen. Es ist nie zu spät, solange Du lebst.

Zu merken von der Theorie vom goldenen Kalb

1. Das goldene Kalb steht für Gold und Geld.

2. Früher wurde es mehr verehrt als der Schöpfer.

3. Mit der Zeit fingen wir an, eher für einen höheren Zweck zu leben als für das goldene Kalb.

4. Was tust Du, um Deinem Schöpfer zu gefallen?

THEORIE 46
Die Theorie der irdischen Mängel

Veränderungen im Laufe der Jahrhunderte

Der Planet befand sich Jahrtausende lang in geistiger Dunkelheit. Jetzt verbessert sich die Lage, so dass wir anfangen, in dauerhaftem Frieden und Wohlstand zu leben. Die Zusammenarbeit zwischen den Nationen erfolgt automatisch und ist Standard. Menschen helfen einander und fast alle Negativität wurde entfernt. Wir sind vom Mangel zur Grenzenlosigkeit übergegangen. Lass uns einen Blick in die Vergangenheit werfen, um daraus zu lernen.

Mangel an spirituellem Wissen

Früher verbrachten die Menschen ihre Zeit damit, Filme zu schauen, in denen Menschen sterben. Früher wurden solche Filme in jeden Haushalt auf dem ganzen Planeten ausgestrahlt, und anfangs wurden sie von keiner Regierung verboten. Viele Leute lebten voller Wut und Frustration oder sogar Aggression. Sie dachten, es sei normal, so zu sein. Sie nannten es Spiele, als ihre Kinder Menschen in ihren Computern töteten.

Das ist unsere Vergangenheit. Zum Glück haben wir aus ihr gelernt. Dank des spirituellen Wissens, das wir haben, denken wir über die Folgen unserer Taten nach. Dadurch kommen wir voran.

Mangelndes Interesse am Ewigen

Einige unserer Vorfahren hatten kein Interesse an der Ewigkeit und lebten nur für ihre materiellen Leistungen, viele von ihnen für Geld. Früher verbrachten sie sogar fast ihr ganzes Leben damit es verdienen. In dem Moment, in dem sie endlich genug hatten, zogen sie sich zurück und taten nichts mehr, weil sie dachten, sie hätten ein großartiges Leben gelebt.

Das vierte Jahrtausend ist völlig anders. Wir wissen, dass es mehr gibt als nur das Physische. Wir verstehen, dass wir uns darauf konzentrieren sollten, in jeder Hinsicht besser zu werden. Wir sind uns unserer ewigen Existenz bewusst. Wir tun unser Bestes, um unsere inneren Fähigkeiten zu entwickeln, um uns auf die Ewigkeit vorzubereiten. Wir sind nicht daran interessiert, unsere Zeit mit Nichtstun zu verschwenden. Wir danach streben, mehr zu lernen und mehr zu werden, weil wir das Gefühl haben, je mehr wir werden, desto besser es für uns ist.

Fehlende Motivation, für immer erfolgreich zu sein

Manchen fehlte auch die Motivation. Solange ihre Körper verwöhnt und ihr Ego befriedigt wurden, fühlten sie sich großartig. Die Erkenntnis, dass wir an jedem einzelnen Aspekt von uns selbst arbeiten können, kam erst später. Damals dachten viele unserer Vorfahren, dass ihre Persönlichkeit festgelegt und unveränderlich sie. Heute streben wir danach, von unserem Leben ein für alle Mal zu profitieren. Wir haben gelernt, dass wir mehr sind als das Physische vermuten lässt und deshalb leben wir auch für mehr. Wir leben, um sowohl im Körper als auch danach zu gedeihen.

Mangel an Glauben

Mangel an Glauben ist Gottlosigkeit. Einige von uns sagten früher: „Ich glaube es nicht, also ist es nicht wahr!" Es scheint so einfach. Nur meine Überzeugungen beeinflussen meine Person, also entscheide ich mich, nicht zu glauben. Es gibt zweifellos Dinge, die von unseren Überzeugungen bestimmt werden, aber nicht alles. Der Schöpfer ist für uns vorbereitet. Wir können weder seine Gesetze beugen noch sie brechen. Wir sind nicht so mächtig, um das Universum herausfordern zu können. Beginnen wir also mit der Pflege guter Überzeugungen und stellen wir sicher, dass das, was wir tun, denken und leben uns eines Tages an einen schönen Ort im Universum bringen wird. Oder ist es vielleicht bequemer zu denken: „Wen interessiert das? Ich werde ja tot sein." Kümmerst Du Dich genug um Dich selbst?

Wissen, was geändert werden muss

Die meisten von uns haben diese Mängel inzwischen beseitigt. Wir bemühen uns darum auf allen Ebenen Fortschritte zu machen, physisch und nicht-physisch. Wir sind am Ewigen interessiert und sammeln so viel Wissen wie wir nur können, damit wir auf alles, was ist, vorbereitet sind und nicht nur auf das körperliche. Wir kommunizieren mit unseren Freunden im Universum, um Ideen auszutauschen, weil sie oft mehr wissen als wir.

Kommen die Armen in den Himmel?

Bettler haben keine materiellen Dinge auf der Erde. Werden sie in den Himmel kommen? Leider ist das weit von der Wahrheit entfernt. Es hängt von ihren psychischen Schätzen ab und nicht von dem, was sie in ihren Brieftaschen haben. Keine materiellen Dinge zu haben, garantiert nicht, dass man an den besten Ort im Universum wandert.

Der Weg dorthin führt über die richtigen immateriellen Qualitäten. Dies ist einzige notwendige Erfordernis. Es gibt noch so viel mehr zu lernen, dass wir den Rest der Ewigkeit brauchen werden, um alles zu begreifen.

Kommen die Reichen in den Himmel?

Wie sieht es mit den Reichen aus? Sie haben es auf diesem Planeten zu viel gebracht und sie haben Fähigkeiten, von denen andere nur träumen können. Zweifellos ist dies so, aber sind diese Fähigkeiten ewig wertvoll oder sind sie nur für ein Leben auf Erden gut? Für sie gilt das gleiche Prinzip. Natürlich können sie in den Himmel kommen, wenn sie alle Kriterien erfüllen. Jeder kann dorthin gelangen. Alles, was die Reichen jemals brauchen, ist das zu tun, was dafür notwendig ist.

Zu merken von der Theorie der irdischen Mängel

1. In der Vergangenheit fehlte den Menschen das Wissen, das Interesse und die Motivation in Bezug auf die ewigen Angelegenheiten.

2. Wir ersetzen den Mangel durch Grenzenlosigkeit.

3. Es ist nicht wahr, dass die Armen automatisch in den Himmel kommen.

4. Auch die Reichen können in den Himmel kommen.

5. Es ist eine gute Idee, sich bewusst zu machen, was uns fehlt und wie dieser Mangel uns betrifft, damit wir ihn beseitigen können.

THEORIE 47

Die Theorie der irdischen Fallen

Materielles und Immaterielles verbinden

Lassen wir uns feststellen, wer wir sind, damit wir all das loswerden können, was uns daran hindert, in dieser Existenz zu gedeihen. Wir sind nicht-physische Wesen, die vorübergehend in der physischen Welt leben.

Schau Dir Deine Gedanken an. Kreisen sie um materielle Dinge? Wie ist es möglich, dass wir solche Gedanken haben? Warum sind sie unsichtbar? Ist es logisch, dass wir, wenn wir immateriell sind, Dinge produzieren und mit Dingen arbeiten , die man weder sehen noch anfassen kann? Wenn wir uns selber anschauen, können wir sehen, dass alles außer unserem Körper immateriell ist. Unsere Wünsche, Gedanken, Neigungen und unser Charakter sind unsichtbar. Also wie ist es möglich, dass all dieses unsichtbar ist, wenn ich nur mein Körper bin?

Wer sind wir wirklich?

Ich möchte Dir gerne ein paar rhetorische Fragen stellen, wenn ich darf. Bist Du Deine Hand? Bist Du Dein Gesicht? Bist Du Dein Körper? Wahrscheinlich sind die Antworten, die Dir in den Sinn kommen, negativ d.h. verneinend. Du bist in der Tat keine Hand und auch kein Gesicht. Du hast sie nur. Ich bin keine Hand, aber ich habe eine Hand. Hören wir auf, uns auf das zu konzentrieren, was wir haben und fangen wir damit an, uns darauf zu konzentrieren, wer wir sind. Eines Tages wird dieser Körper, ob es uns gefällt oder nicht, tot sein. Werde ich tot sein? Was sagt mir meine Logik? Jetzt verstehst Du, worüber ich spreche. Schauen wir uns einige irdische Fallen an, damit wir sie vermeiden können.

Geld

Die erste und eine der gefährlichsten irdischen Fallen ist das Geld. Wie wir wissen, ist es von Menschen entworfen und geschaffen. Wie kann es uns für immer dienen? Nur die universelle Währung ist ewig, das Geld ist es nicht. Einige Menschen mögen glauben, dass sich diese Welt und unser Leben nur um Geld dreht. Ist es wirklich so?

Vermeiden wir es in die Geldfalle zu tappen. Wenn ich nur für Geld lebe, kann ich niemals Fortschritt in universeller Hinsicht machen. Warum? Geld ist physisch und ich bin es nicht. Wenn ich nur für das Körperliche lebe, wird es eines Tages von mir genommen werden. Ich werde mit leeren Händen dastehen. Wie würde sich eine irdische Milliardärin fühlen, die alles verloren hat, wofür sie ihr ganzes Leben gearbeitet hat? Ich denke, dass sie sich leer und ausgebrannt fühlen würde. Stellen wir sicher, dass uns dies nie passiert.

Ich kann mich für die Ewigkeit nicht auf etwas Vergängliches verlassen. Hast Du Dich einmal gefragt, warum Menschen normalerweise sterben wenn sie am reichsten sind? Was will uns das Universum mit dieser einfachen Wahrheit sagen?

Wir sind nicht hier, um uns nur auf solche Dinge zu konzentrieren, die auf die physischen Ebenen gehören. Stattdessen müssen wir anfangen, nach mehr zu suchen. Das Physische ist der primitivste Teil des Universums und wird als solches zu Ende gehen. Alles, was nicht-physisch ist, ist weiter fortgeschritten, ewig und daher wertvoller.

Sammle die richtigen Dinge

In London haben wir einige schöne alte Häuser, die kostenlos besucht werden können. Sie gehörten wohlhabenden Sammlern, die wunderschöne Statuen, Töpfe, Tassen, Gemälde und viele andere Dinge angehäuft haben, mit denen sie ihre Häuser füllten. Wir besuchen sie gerne. Die ursprünglichen Besitzer sind alle nicht mehr am Leben, aber das was sie gesammelt haben, ist geblieben.

Was würde ich lieber sammeln, wenn ich die Wahl hätte? Würde ich mich für Dinge entscheiden, die eines Tages jemand anderem gehören werden oder diejenigen, die ewig bei mir bleiben werden? Ich würde es bevorzugen, all meine Schätze mitzunehmen, wenn ich diesen Körper verlasse, damit ich sie für den Rest der Ewigkeit nutzen kann. Würdest Du nicht sagen, dass Du Dich entschieden hast, Dein Leben weise zu verbringen, wenn Du Deine Zeit im Körper nutzt, um ewige Werte zu sammeln?

Die Vergangenheit

Es gab eine Zeit in unserer Vergangenheit, als unsere Vorfahren kein spirituelles Wissen hatten und daher nur für das Physische lebten. Sie lebten für Geld, das ihnen Status und Luxus verlieh. Manche Menschen, die damals lebten, haben alles dafür getan. Sie dachten, dass es das Wichtigste im Leben wäre. Sie verbanden ein gutes Leben ausschließlich mit Geld. Sie hatten viel davon. Sie lebten dafür. Sie konnten sich nicht einmal vorstellen, ohne es zu leben.

Es muss schön gewesen sein, alles kaufen zu können, was ihnen gefiel, aber da ihr Leben in universellen Begriffen nirgendwo hinführte, endeten sie wie die Sammler, die ich zuvor erwähnte. Sie hatten viel, aber nichts davon war wertvoll, da all ihre Paläste und

Unternehmen in dieser Welt blieben. Was besitzen sie in der Ewigkeit?

Worum geht es im Leben?

Wir sollten eine perfekte Balance finden. Es kann wunderbar sein unseren Körper zu verwöhnen und zu spüren, dass wir ein großartiges Leben führen, weil uns körperlich nichts fehlt. Wenn uns unser Leben nicht in ewiger Hinsicht vorwärts bringt, ist es aus geistlicher Sicht verschwendet. Wir machen immer kleine Fortschritte, verstehe mich nicht falsch, aber nur wir bestimmen das Tempo unseres gesamten Fortschrittes in der Ewigkeit. Manche bewegen sich schnell und andere sehr langsam. Warum sollte ich mich verlangsamen?

Der Moment, in dem der Geldgott von seinem Sockel fällt, wird die Menschheit in der Lage sein, auf eine höhere spirituelle Ebene zu gelangen. Lies die Theorie des goldenen Kalbes, die mehr Einblicke in dieses Thema bietet. Die Bibel selbst spricht in Matthäus 19:24 über ein Kamel, das durch ein Nadelöhr passe bevor eine reiche

Person ins Reich Gottes komme. Warum wurde dieser Teil der christlichen Lehre im Westen so lange ignoriert? Was sagt uns diese Lektion? Warum gab es wenig Interesse daran, ins Reich Gottes zu kommen? Dachten die Anbeter des goldenen Kalbes wirklich, dass sie tun könnten, was ihnen gefällt, und so an den besten Ort des Universums gelangen? Der Ort ist frei, so viel wissen wir, aber er muss verdient werden. Lies noch einmal meine Verdiensttheorie, wenn Du Dich an mehr erinnern möchtest.

Kann Geld das Leben, Gesundheit oder Glück kaufen? Kann man damit wahre Liebe kaufen? Alle diese Dinge sind immateriell, aber Münzen und Scheine sind es nicht. Physische Dinge können niemals das Nicht-Physische kaufen. Versuche z. B. ein neues Leben zu kaufen. In dem Moment, in dem wir aufhören, für Geld zu leben, werden wir in dieser Schöpfung freier sein.

Macht

Die zweite Falle ist die Macht. Viele Menschen steigen an die Spitze der irdischen Hierarchie auf und haben viel Macht. Da sie eine wichtige Rolle spielen, befinden sie sich spirituell in einer potentiell sehr heiklen Situation. Wie kann ich als Person, die viel Macht über andere Menschen hat, perfekte Arbeit leisten, ohne in einer der Fallen gefangen zu sein? Wie kann ich in den Himmel kommen, wenn ich diese Welt verlasse? Wir sind hier, um völlig frei zu sein, aber die Art und Weise wie wir uns selbst und alle anderen behandeln, bestimmt alles. In dem Moment, in dem ich anfange, mich als der Größte oder Höchste zu betrachten, bin ich mit ziemlicher Sicherheit gefangen. Nur die Größten der Großen haben es gelernt, für viele andere verantwortlich zu sein und trotzdem nach oben zu steigen. Es gibt so viele Laster, die die Mächtigen plagen. Daher ist es wichtig, dass diejenigen, die oft mit den besten Absichten an die Spitze gelangen, angemessen aufgeklärt und vor den Konsequenzen ihrer Entscheidungen gewarnt werden. Was bringt es mir, zum Beispiel, ein Geschäftsführer für 5 Jahre zu sein und dann an einem schrecklichen Ort im Jenseits für Milliarden Jahre zu leiden, weil viele Menschen unter meinen Entscheidungen gelitten haben?

Macht kann berauschend sein und es erfordert wahre Größe, nicht ihr Diener zu werden. Wenn man bedenkt, dass Gleiches Gleiches anzieht, könnte es da auch Gruppenzwang geben. Wenn Du einer von uns sein willst, musst Du Dich wie der Rest von uns verhalten. Wenn wir alle in die Hölle kommen, musst Du auch dorthin gehen. Denke nur daran, dass niemand etwas für Dich richtig machen kann, nur Du selbst kannst dies. Sag nicht, dass Du es für Deine Kinder tust oder dass Du die Folgen nicht gekannt hättest sonst hättest Du Dich anders verhalten. Übernimm jetzt die volle Verantwortung. Lass uns Macht haben und sicherstellen, dass die Menschen, die wir führen, durch uns gedeihen. Dann werden wir ewige Belohnungen ernten.

Körper

Die dritte Falle ist der Körper. So viele Menschen verbringen viel Zeit damit, sich um ihren Körper zu kümmern, ihn mit Anti-Falten-Produkten zu bespritzen, ihn mit einer speziellen Diät zu füttern, ihn ins Fitnessstudios zu bringen, sich massieren zu lassen und ihn auf andere Arten zu verwöhnen. Es ist toll, einen gutaussehenden Körper zu haben, weil es uns gut tut. Wir können jedoch nicht vergessen, dass wenn wir uns nur auf das Physische konzentrieren, vernachlässigen wir möglicherweise das Nicht-Physische. Auch die Besten, Größten, Stärksten und attraktivsten Körper sind sterblich. Du möchtest sicher nicht darauf verzichten, Deine ewigen Fähigkeiten zu verbessern, weil Du Dich nur auf Deinen Körper konzentriert hast, während Du einen hattest.

Behandle Deinen Körper gut, sei freundlich zu ihm und denke daran, dass er Dir nur für ein Leben lang dienen wird. Kein einziger Augenblick wird jemals wiederkommen, also nutze Deine Zeit mit Bedacht. Konzentriere Dich mit allen Mitteln auf Dein physisches Ich, aber vergiss nicht das ewige Ich, das in die nächste Evolutionsstufe gelangen wird.

Sucht und Anziehung zu einem Körper müssen auch erwähnt werden. Einige von uns betrachten diejenigen, die wir ästhetisch angenehm finden mit Lust oder Verlangen. Andere kommen darüber nicht hinweg, dass ihr Körper sich im Laufe der Jahre verändert hat. Beschäftige Dich mit Deinen Problemen und lass Dich nicht negativ von ihnen beeinflussen.

Corruption

Die vierte Falle ist die Seelenverderblichkeit. Leider gab es eine Zeit auf dem Planeten Erde, als einige Menschen bestechlich waren. Das Problem mit der Bestechlichkeit ist, dass sobald sie vom Verstand akzeptiert wird, beginnt sie auch den Körper und die Seele zu beeinflussen. Das führt zu Konsequenzen. Korrupte Körper können nicht mit reiner Gesundheit gefüllt sein und verdorbene Seelen können nicht in den positiven Teil des Universums im Jenseits kommen. Korruption ist wie Verschmutzung. Niemand kann gleichzeitig sauber und verschmutzt sein.

Auch Steuerhinterziehung ist eine Gesetzesübertretung. Kannst Du Dich an Markus 12:17 erinnern? „Gebt dem Kaiser, was Kaisers ist, und Gott, was Gottes ist", sagt die Bibel. Wenn Du versuchst, jemanden zu betrügen, produzierst Du Energien, die negativ und deshalb schlecht für Dich sind. Es lohnt sich nicht, den neuen Laden innerhalb von einem Jahr zu eröffnen, weil Du das Geld dafür durch Betrug erhalten hast. Vielleicht solltest Du den Laden erst in fünf Jahren eröffnen, aber das Geld dafür auf ehrliche Weise verdienen.

Zum merken von der Theorie der irdischen Fallen

1. Ich bin nicht mein Körper, ich habe nur einen.

2. Die irdischen Fallen, in die man nicht tappen sollte, sind Geld, Macht, Körper und Bestechlichkeit.

3. In dem Moment, in dem die Korruption in Deinen Geist eindringt, dringt sie auch in Deinen Körper und Deine Seele ein.

4. Sammle ewige Werte und Du wirst Dein Leben gut nutzen.

5. Es ist besser auf das Leben nach dem Tod vorbereitet zu sein als nicht darauf vorbereitet zu sein.

THEORIE 48
„Die Zecken-Theorie"

Was ist der Nutzen dieser Theorie?

Diese Theorie wird vielen Lesern dienen, da sie unangenehme Situationen vermeiden können, indem sie sich auf die hier beschriebenen Lehren einlassen.

Herrliches Brasilien

Ich habe diese Theorie entwickelt, als ich in Brasilien lebte, wo ich gerne Spaziergänge in der Wildnis machte. Die Hügel dort sind faszinierend und die Aussicht atemberaubend. Die Luft ist erfrischend und das Wetter mild. Die Sonne küsst Deine Haut und die Reinheit der Eukalyptusbäume berührt Deine Seele und hebt Deine Stimmung. Dort genoss ich alles. Ich war gewarnt worden, dass das Land, vor allem in der Gegend, in der ich mich aufhielt, wegen der dort lebenden halbwiden Pferde und Kühe von Zeckenbefall geplagt war. Natürlich ignorierte ich diese Information nicht. Trotzdem machte ich wochenlang meine täglichen Spaziergänge auf staubigen Pfaden.

Eines Tages wachte ich auf und schaute auf mein Bett, wo eine riesige Zecke zu sehen war, die mich gebissen hatte. Diese Erfahrung hat mir geholfen diese einfache Theorie zu entwerfen. Wenn wir dorthin gehen, wo es Zecken gibt, kann uns eine beißen. Wir können tage- oder sogar wochenlang Glück haben, aber wenn wir ständig in diese Gegend gehen, gibt es immer eine Wahrscheinlich, dass wir eines Tages gebissen werden.

Haie oder Krokodile?

Gleiches gilt für das Schwimmen in Gewässern, in denen es viele Haie gibt. Meinst Du, dass es sich lohnen würde, dort zu schwimmen? Wie wäre es mit einem See voller Krokodile? Wäre es eine gute Idee, mit ihnen schwimmen zu gehen? Nein, würden die meisten sagen. Viel Glück für diejenigen unter Euch, die dies anders sehen.

Zusammenfassung

Wir können unangenehme Situationen vermeiden, indem wir ihnen nicht erlauben, sich zu ereignen. Wenn wir weise auswählen, wohin wir gehen und was wir tun, wird uns das Ergebnis unserer Taten mehr Freude bereiten.

Zu merken von der Zeckentheorie

1. Wir müssen weise auswählen, wohin wir gehen.

2. Wir sollten immer die Risiken einer Reise abwägen.

3. Wir können unangenehme Situationen vermeiden, indem wir nicht zulassen, dass sie passieren.

THEORIE 49
Die Theorie der bösen Einflüsse aus dem Universum

Wir sind nicht allein

Viele Leute denken, dass wir allein im Universum seien. Wir müssen andere Menschen sehen, berühren, hören oder riechen können, um zu begreifen, dass sie echt sind. Wenn ich sie nicht sehen kann, existieren sie für mich auch nicht. Existieren Einflüsse auf unseren Geist wirklich? Wir waren unter vielen Einflüssen nach unserer Geburt – durch unsere Eltern, Schulen, Freunde, unsere Umwelt, Kultur, Gesellschaft und Traditionen, die alle eine Rolle in unserem Leben spielen. Leider gibt es subtilere Einflüsse, die unsichtbar sind. Sie können von anderen Wesen im Universum kommen.

Wichtiges Wissen

Hüten wir uns vor allen bösen Einflüssen, die uns begegnen könnten. Egal wie absurd diese Theorie klingen mag, es ist besser, sicher zu sein als es anschließend zu bedauern. Vielleicht erinnerst Du Dich, in Zeitungen Berichte über Menschen gelesen zu haben, die wegen „Stimmen in ihrem Kopf" Verbrechen begangen haben. Einige von Euch werden mir vielleicht zustimmen, dass diese Verbrechen wirklich begangen wurden. Wir müssen aufhören, unter diesem Einfluss zu stehen! Wir werden von Wesen von anderen Planeten getestet. Wir können uns fragen, was sie mit uns vor haben? Warum sollten sie sich die Mühe machen, uns zu beeinflussen? Die Antwort ist: sie trainieren ihre Manipulationsfähigkeiten. Stelle Dir vor, Du könntest Menschen durch ihre Gedanken beeinflussen und sie wie Marionetten benutzen. Vielleicht würde diese Idee nicht jedem gefallen, aber es gibt sicherlich genügend Leute, die es hervorragend finden würden.

Wie wird es gemacht?

Sie nutzen Telepathie und unsere Denkprozesse, um unsere Schwächen zu messen. Dann schlagen sie zu, indem sie Gedanken in unseren Geist einfügen, deren Ursprung nicht unserer ist und die nicht einmal von diesem Planeten stammen. Sie haben große Freude daran, auf diese Weise mit unseren Köpfen zu spielen. Viele Menschen haben wegen dieser Mitteilungen Selbstmord begangen oder sind im Gefängnis gelandet. Ihr Hauptziel ist es, ihre Opfer zu beeinflussen, sie zu verwirren, zu testen und zu manipulieren, so dass sie das tun, von ihnen verlangt wird. Das Beängstigende ist, dass wir es vielleicht nie erfahren werden. Sie sind Experten in dem, was sie tun. Also ist es das Beste, sich darüber bewusst sein und ihnen niemals zu erlauben, die Kontrolle über uns zu übernehmen.

Gelegentlich werden wir einen absurden Gedanken in unseren Köpfen bemerken. Dann sollten die Alarmglocken läuten. Du kannst vielleicht vermuten oder sogar wissen, dass der Ursprung dieses Gedankens nicht in Dir liegt. Normalerweise lehnen Menschen solche Gedanken ab und versuchen nicht, ihren Ursprung auszukundschaften.

Ein Beispiel

Lass mich Dir erklären, was ich meine. Ein Gedanke trifft Dein Bewusstsein: „Rohes Fleisch". Als eine vernünftige Person bemerkst Du diesen Gedanken und denkst: „Das ist Unsinn, der in meinem Kopf von nirgendwo aufgetaucht ist." Wir lehnen solche Gedanken ab, d.h. wir bewerten sie als lächerlich. Bewusste Beobachter beginnen jedoch, den Ursprung solcher Eingaben zu verfolgen. „Oh, nein! Dieser Unsinn kam von außen zu mir! Ich würde niemals so einen Gedanken, der aus dem Zusammenhang gerissen und ohne jeden Grund in meinem Kopf ist, haben."

Warnung

Wenn wir unsere Gedanken beobachten, bemerken wir manchmal, dass es sich um einen Gedanken handelt, der zu uns kommt, nur um uns zu testen oder in Versuchung zu bringen. Andere Wesen lieben es, uns zu manipulieren. „Wird er darauf reagieren oder wird er es nicht?" „Wird sie genau das tun, was ich von ihr will, oder nicht?" Sie haben vielleicht Wochen damit verbracht, Dich stillschweigend zu beobachten, um Dich kennenzulernen. Sobald sie Deine Denkprozesse, Dein Profil und Deine Neigungen kennen, werden sie versuchen Dein Leben nach ihrem Gutdünken zu verändern. Sie können sich sogar mit unseren Energien verlinken und fühlen, was wir fühlen, wie Deine Scham, Deine Demütigung oder Deine Aufregung.

Sei beschützt

Was wir tun müssen, ist ein stärkeres Selbstbewusstsein zu entwickeln, uns selbst besser kennen zu lernen, vorbereitet zu sein, bewusst zu leben und mehr darauf zu achten, wer wir sind und was wir tun. Es gibt eine direkte Verbindung zwischen dem, was wir sind und wie wir uns verhalten. Unsere Taten bestimmen, wer wir sind. Unsere Gedanken bestimmen unsere Aktionen.

Du kannst sich glücklich schätzen, wenn Du nicht unter solchen Einflüssen stehst, die hier diskutiert werden. Aber sicher gibt es einige Menschen, die diese Zeilen lesen, die über ihre Erfahrungen nachdenken und zustimmen können, dass es noch mehr dazu gibt als man denken mag.

Sie jagen die Religiösen

Oft kommen sie zu denen, die ihre Religion ernst nehmen, um ihnen zu sagen, dass sie Engel oder sogar Gott seien. Sie scheinen nicht zu schlafen und können 24 Stunden am Tag aktiv sein. Sie können mit uns aufwachen und gleichzeitig mit uns ins Bett gehen. Sie können Geschichten erzählen, uns Ideen einflößen und mit uns kommunizieren. Wenn Du einsam bist oder viel Freizeit hast, nehmen sie Dir alles, wenn Du ihnen lässt. Sie werden Dir Kopfschmerzen und Gliederschmerzen bereiten und Dich von Dingen überzeugen, die Du Dir ohne sie nie hättest träumen lassen. Sie sind sehr geschickt, weil sie es bereits tausendmal getan haben. Sie werden Deine Verwundbarkeit sehr sorgfältig studieren und Dich zum richtigen Zeitpunkt in irgendeine Art von Nachteil zwingen. Sie sprechen nicht immer, sondern beeinflussen Dich allein durch eingeflößte Gedanken. Seien wir vorsichtig. Wir dürfen uns niemals im Stich lassen and das tun, wozu andere uns zwingen wollen, nicht einmal in unserem Kopf.

Zu merken von der Theorie der bösen Einflüsse aus dem Universum

1. Wesen außerhalb dieses Planeten können sich mit uns und unseren Gedanken verbinden.

2. Meistens ist ihr Ziel bösartig. Es soll Dir oder anderen durch Dich schaden.

3. Wir müssen aufpassen und niemals das tun, was sie uns sagen.

4. Wir müssen uns selbst kennen. Wenn ein plötzlicher, irrationaler oder unverbundener Wunsch oder eine Begierde in unserem Geist auftaucht, sollten wir ihn und kritisch anschauen oder ihn gleich abweisen.

5. Sie sprechen nicht immer. Sie können ohne Worte mit uns ohne Worte spielen.

Was darf ich?

Ich darf wählen oder entscheiden.

Ich darf mich nur ein bisschen aufdrängen.

Ich darf Interesse zeigen.

Ich darf Fragen stellen.

Ich darf die Antworten auf meine Fragen bekommen.

Ich darf mich weiterentwickeln.

Ich darf mich entfalten.

Ich darf mich gut fühlen und gut aussehen.

Ich darf mich freuen.

Ich darf mich einbringen.

Ich darf aufbauen und unterstützen.

Ich darf es richtig machen.

Ich darf freundlich sein zu denen, die schreien: Weißt Du, wer ich bin?

Ich darf frei sein.

Ich darf sicher sein.

Ich darf mich wohlfühlen.

Ich darf ohne Druck leben.

Ich darf mehr lernen.

Ich darf von meinen Fähigkeiten profitieren.

Ich darf lieben.

EINE LISTE VON TUGENDEN

Ehrlichkeit

Selbstdisziplin

Kreativität

Hilfsbereitschaft

Respekt

Liebe

Moral

Bescheidenheit

Mäßigkeit

Gerechtigkeit

Aufrichtigkeit

Freundlichkeit

Freiheit

Ausdauer

Weisheit

Mitgefühl

Hingabe

Dankbarkeit

Verantwortung

Mut

Empathie

Toleranz

Vergebung

Vertrauen

Integrität

Frieden

Geduld

Initiative

Glück

Großzügigkeit

Begeisterung

Sanftmut

Reinheit

EINE LISTE VON LASTERN

Neid

Eitelkeit

Gier

Trägheit

Stolz

Zorn

Lust

Selbstsucht

Arroganz

Verurteilung

Unehrlichkeit

Bestechlichkeit

Eifersucht

Apathie

REFERENZENLISTE

Die heilige Bibel

Markus 11:24

Markus 12:17

Markus 12:41-44

Lukas 23:34

Galater 6:7

Matthäus 5:44

Matthäus 7:7-8

Matthäus 20:16

Matthäus 19:24

Alexandre Dumas, Die drei Musketiere, 1844 Charles Dickens

Eine Geschichte aus zwei Städten, 1859

Ich könnte indirekt von der Arbeit anderer beeinflusst worden sein,
z. B. Euripides, Plato, Aristoteles, Albert Einstein, Louise Hay,
Esther Hicks, Jim Rohn, Oprah Winfrey und Tony Robbins.

http://www.royal.uk/edward-
vii#:~:text=On%2010%20December%201936%2C%20Edward

ÜBER DEN AUTOR

Der Autor dieser Theorien lebt in England. Er ist ein eifriger Schüler und Praktikant der universellen Gesetze, die er erfahren hat. Er weiß, wie sie funktionieren und hat eine teilweise Aufklärung erfahren. Er betreibt spirituelle Forschung, um breitere Gemeinschaften zu unterstützen und leistet, so gut er kann, einen Beitrag zum Leben aller Menschen.

ZUKÜNFTIGE VERÖFFENTLICHUNGEN VON AKH CHI LAK HIM

- *33 Universelle Verhaltensgesetze – Der spirituelle Standpunkt*
- *Das albionishe Totenbuch*
- *Das albionishe Buch der Lebenden*
- *Eine spirituelle Reise auf der Suche nach dem Meister des Universums*
- *Spirituelle Reinheit*
- *Ein König, der in den Himmel kam*

Printed in Great Britain
by Amazon

22440621R00129